Els Sabors de l'Índia 2023

Descobreix les Delícies de la Cuina Índia en la Teva Propia Cuina

Mira Patel

Contingut

Kele ki Bhaji 17
    Ingredients 17
    mètode 18

Kathal de coco 19
    Ingredients 19
    Per al condiment: 19
    mètode 20

Llesques picants de ñame 21
    Ingredients 21
    mètode 22

Yam Masala 23
    Ingredients 23
    mètode 23

Masala de remolatxa 25
    Ingredients 25
    mètode 26

Brots de soja Masala 27
    Ingredients 27
    mètode 28

Mirch Masala 29
    Ingredients 29
    mètode 30

Tomàquet Kadhi 31

- Ingredients 31
  - mètode 32
- Kolhapuri vegetal 33
  - Ingredients 33
  - mètode 34
- Undhiyu 35
  - Ingredients 35
  - Per als muttys: 36
  - mètode 36
- Curry de banana Kofta 37
  - Ingredients 37
  - Per al curri: 37
  - mètode 38
- Carbassa amarga amb ceba 39
  - Ingredients 39
  - mètode 40
- Sukha Khatta Chana 41
  - Ingredients 41
  - mètode 42
- Bharwan Karela 43
  - Ingredients 43
  - Per al farcit: 43
  - mètode 44
- Curry de col Kofta 45
  - Ingredients 45
  - Per a la salsa: 45
  - mètode 46

Goju de pinya 47
    Ingredients 47
    Per a la barreja d'espècies: 47
    mètode 48
Carbassa amarga de Goju 49
    Ingredients 49
    mètode 50
Baingan Mirchi ka Salan 51
    Ingredients 51
    mètode 52
Pollastre amb verdures 54
    Ingredients 54
    mètode 54
    Per a la marinada: 55
Pollastre Tikka Masala 56
    Ingredients 56
    mètode 57
Pollastre farcit picant amb una salsa rica 58
    Ingredients 58
    mètode 59
Masala de pollastre picant 61
    Ingredients 61
    mètode 62
pollastre al caixmir 63
    Ingredients 63
    mètode 64
Rom i pollastre 65

- Ingredients 65
- mètode 66
- Pollastre Shahjahani 67
  - Ingredients 67
  - mètode 68
- pollastre de Pasqua 69
  - Ingredients 69
  - mètode 70
- Ànec picant amb patates 71
  - Ingredients 71
  - mètode 72
- Moile l'ànec 73
  - Ingredients 73
  - mètode 74
- Bharwa Murgh Kaju 75
  - Ingredients 75
  - mètode 76
- Masala de pollastre amb iogurt 78
  - Ingredients 78
  - mètode 79
- Pollastre Dhansak 81
  - Ingredients 81
  - mètode 82
- Pollastre Chatpata 84
  - Ingredients 84
  - Per a la marinada: 85
  - mètode 85

Ànec Masala amb llet de coco 86
    Ingredients 86
    Per a la barreja d'espècies: 86
    mètode 87

Pollastre Dil Bahar 88
    Ingredients 88
    mètode 89

Estúpid per Murgh 91
    Ingredients 91
    mètode 92

Murgh Kheema Masala 93
    Ingredients 93
    mètode 94

Pollastre farcit de Nawabi 95
    Ingredients 95
    Per al farcit: 95
    mètode 96

Murgh ke Nazare 97
    Ingredients 97
    Per a la salsa: 98
    mètode 99

Murgh Pasanda 100
    Ingredients 100
    mètode 101

Murgh Masala 102
    Ingredients 102
    Per a la barreja d'espècies: 102

mètode	103
Crema de pollastre Bohri	104
Ingredients	104
mètode	105
Jhatpat Murgh	106
Ingredients	106
mètode	106
Curry de pollastre verd	107
Ingredients	107
mètode	108
Murgh Bharta	109
Ingredients	109
mètode	109
Pollastre amb llavors d'Ajowan	110
Ingredients	110
mètode	111
Tikka de pollastre amb espinacs	112
Ingredients	112
Per a la marinada:	112
mètode	112
Pollastre Yakhni	113
Ingredients	113
mètode	114
Chili de pollastre	115
Ingredients	115
mètode	115
Pollastre amb pebre vermell	117

Ingredients 117

mètode 117

Pollastre amb figues 119

Ingredients 119

mètode 119

Xai picant amb iogurt i safrà 120

Ingredients 120

mètode 121

Xai amb verdures 122

Ingredients 122

mètode 123

Curry de vedella amb patates 124

Ingredients 124

mètode 125

Masala de xai picant 126

Ingredients 126

mètode 127

Rogan Josh 128

Ingredients 128

mètode 129

Costelles a la planxa 130

Ingredients 130

mètode 130

Carn de vedella amb llet de coco 131

Serveis 4 131

Ingredients 131

mètode 132

Kebab de porc 133
    Ingredients 133
    mètode 133
Steak Chili Fry 134
    Ingredients 134
    mètode 135
Ous de vedella escocesa 136
    Ingredients 136
    mètode 136
Carn Seca Estil Malabar 137
    Ingredients 137
    Per a la barreja d'espècies: 137
    mètode 138
Costelles de xai Moghlai 139
    Ingredients 139
    mètode 139
Carn de vedella amb okra 140
    Ingredients 140
    mètode 141
Bufet de vedella 142
    Ingredients 142
    mètode 143
Badami Gosht 144
    Ingredients 144
    mètode 145
Carn de vedella rostida a l'Índia 146
    Ingredients 146

mètode 147

Costelles de Khatta Pudina 148

    Ingredients..148

    mètode 149

Bistec a l'Índia 150

    Ingredients..150

    mètode 150

Xai en salsa verda 151

    Ingredients..151

    mètode 152

Xai picat senzill 153

    Ingredients..153

    mètode 153

Sorpotel de porc 154

    Ingredients..154

    mètode 155

Xai en escabetx 156

    Ingredients..156

    mètode 156

Haleem..157

    Ingredients..157

    mètode 158

Costelles de carn de verd Masala 159

    Ingredients..159

    mètode 160

Fetge de xai amb fenogrec 161

    Ingredients..161

mètode 161
vedella Hussaini 163
   Ingredients 163
   Per a la barreja d'espècies: 163
   mètode 164
Mateu Anyell 165
   Ingredients 165
   mètode 166
Carn de vedella dins 167
   Ingredients 167
   Per a la barreja d'espècies: 167
   mètode 168
Guisat de xai 169
   Ingredients 169
   mètode 169
Xai aromatitzat amb cardamom 171
   Ingredients 171
   mètode 172
Kheema 173
   Ingredients 173
   mètode 173
Porc rostit picant 174
   Ingredients 174
   Per a la barreja d'espècies: 174
   mètode 175
Tandoori Raan 176
   Ingredients 176

mètode 177
xai Talaa 178
   Ingredients 178
   Per a la barreja d'espècies: 178
   mètode 179
Llengua guisada 180
   Ingredients 180
   mètode 181
Carn de moltó fregit 182
   Ingredients 182
   mètode 183
Fetge fregit de Masala 184
   Ingredients 184
   mètode 185
Llengua de vedella picant 186
   Ingredients 186
   mètode 187
Pas de xais 188
   Ingredients 188
   mètode 188
Curry de xai i poma 189
   Ingredients 189
   mètode 190
Carn de moltó sec estil Andhra 191
   Ingredients 191
   mètode 191
Un senzill curri de vedella 192

Ingredients 192

mètode 192

Gosht Korma 193

Ingredients 193

mètode 194

Costelles Erachi 195

Ingredients 195

mètode 196

Carn picada totalment fregida 197

Ingredients 197

mètode 197

Kaleji Do Pyaaz 198

Ingredients 198

mètode 199

Xai amb ossos 200

Ingredients 200

mètode 201

Bistec Vindaloo 202

Ingredients 202

mètode 203

Curry de vedella 204

Ingredients 204

mètode 205

Carbassa amb carbassa 206

Ingredients 206

mètode 207

Gustaf 208

Ingredients 208

mètode 209

Carn de moltó amb una barreja de verdures i herbes 210

Ingredients 210

mètode 211

Xai de llimona 212

Ingredients 212

mètode 213

Pasanda de xai amb ametlles 214

Ingredients 214

mètode 215

Salsitxa De Porc Fregit Chili 216

Ingredients 216

mètode 217

Mutton Shah Jahan 218

Ingredients 218

Per a la barreja d'espècies: 218

mètode 219

Kele ki Bhaji

(curri de plàtan verd)

Serveis 4

Ingredients

6 plàtans verds, pelats i tallats a trossos de 2,5 cm de gruix

Afegiu sal al gust

3 cullerades d'oli vegetal refinat

1 ceba gran, picada finament

2 grans d'all premsats

2-3 pebrots verds, tallats al llarg

1 cm/½ arrel de gingebre

1 culleradeta de cúrcuma

½ culleradeta de comí

½ coco fresc, ratllat

mètode

- Remullar els plàtans en aigua freda i sal durant una hora. Escórrer i reservar.

- Escalfeu l'oli en una cassola. Afegiu la ceba, l'all, el xili verd i el gingebre. Fregiu-los a foc mitjà fins que les cebes estiguin daurades.

- Afegiu plàtans i cúrcuma, comí i sal. Barrejar bé. Tapeu amb una tapa i deixeu-ho coure a foc lent durant 5-6 minuts.

- Afegir el coco, barrejar suaument i coure durant 2-3 minuts. Servir calent.

Kathal de coco

(jaca verda amb coco)

Serveis 4

Ingredients

500 g/1lb 2 oz de fruita de pa verd*, pelat i tallat

500 ml/16 fl oz d'aigua

Afegiu sal al gust

100 ml/3½ fl oz d'oli de mostassa

2 fulles de llorer

1 cullerada de comí

1 cullerada de pasta de gingebre

250 ml de llet de coco

Sucre al gust

Per al condiment:

75 g/2½ oz de ghee

1 cm/½ en canyella

4 càpsules de cardamom verd

1 cullerada de xili en pols

2 pebrots verds, tallats al llarg

mètode

- Barregeu els trossos de jaca amb aigua i sal. Cuini aquesta barreja en una cassola a foc mitjà durant 30 minuts. Escórrer i reservar.

- Escalfeu oli de mostassa en una olla. Afegiu-hi el llorer i el comí. Deixeu-los ruixar durant 15 segons.

- Afegiu-hi la jaca i la pasta de gingebre, la llet de coco i el sucre. Coure durant 3-4 minuts, remenant constantment. Deixar de banda.

- Escalfeu el ghee en una paella. Afegiu els ingredients de condiment. Fregir durant 30 segons.

- Aboqueu aquesta barreja sobre la barreja de jaca. Servir calent.

Llesques picants de ñame

Serveis 4

Ingredients

500 g/1lb 2 oz de carn dolça

1 ceba mitjana

1 culleradeta de pasta de gingebre

1 culleradeta de pasta d'all

1 culleradeta de xili en pols

1 culleradeta de coriandre mòlt

4 claus

1 cm/½ en canyella

4 càpsules de cardamom verd

½ culleradeta de pebre

50 g/1¾ oz de fulles de coriandre

50 g/1¾ oz de fulles de menta

Afegiu sal al gust

Oli vegetal refinat per fregir

mètode

- Peleu el moniato i talleu-lo a rodanxes d'1 cm/½ de gruix. Cuina al vapor durant 5 minuts. Deixar de banda.

- Tritureu la resta d'ingredients, excepte l'oli, en una massa llisa.

- Apliqueu la pasta als dos costats de les rodanxes de moniato.

- Escalfeu l'oli en una paella antiadherent. Afegiu les safates de fosa. Fregiu per ambdós costats fins que estigui daurat, afegint una mica d'oli per les vores. Servir calent.

Yam Masala

Serveis 4

Ingredients

400 g/14 oz de ñames, pelades i tallades a daus

750 ml/1¼ litres d'aigua

Afegiu sal al gust

3 cullerades d'oli vegetal refinat

¼ de llavors de mostassa

2 pebrots vermells sencers, tallats a trossos

¼ de culleradeta de cúrcuma

¼ de culleradeta de comí mòlt

1 culleradeta de coriandre mòlt

3 cullerades de cacauets, aproximadament aixafats

mètode

- Bulliu els moniatos amb aigua i sal en una cassola durant 30 minuts. Escórrer i reservar.

- Escalfeu l'oli en una paella. Afegiu llavors de mostassa i trossos de bitxo vermell. Deixeu-los ruixar durant 15 segons.

- Afegiu-hi la resta d'ingredients i el moniato cuit. Barrejar bé. Coure a foc lent durant 7-8 minuts. Servir calent

Masala de remolatxa

Serveis 4

Ingredients

2 cullerades d'oli vegetal refinat

3 cebes petites, tallades finament

½ culleradeta de pasta de gingebre

½ culleradeta de pasta d'all

3 pebrots verds, tallats al llarg

3 remolatxes, pelades i picades

¼ de culleradeta de cúrcuma

1 culleradeta de coriandre mòlt

¼ de culleradeta de garam masala

Afegiu sal al gust

125 g/4½ oz de puré de tomàquet

1 cullerada de fulles de coriandre, picades

mètode

- Escalfeu l'oli en una cassola. Afegiu la ceba. Fregiu-los a foc mitjà fins que quedin translúcids.

- Afegiu la pasta de gingebre, la pasta d'all i el pebrot verd. Sofregiu a foc lent durant 2-3 minuts.

- Afegiu la remolatxa, la cúrcuma, el coriandre mòlt, el garam masala, la sal i el puré de tomàquet. Barrejar bé. Coure durant 7-8 minuts. Decoreu amb fulles de coriandre. Servir calent.

Brots de soja Masala

Serveis 4

Ingredients

2 cullerades d'oli vegetal refinat

3 cebes petites, tallades finament

4 pebrots verds, ben picats

1 cm/½ d'arrel de gingebre, tallada finament

8 alls premsats

¼ de culleradeta de cúrcuma

1 culleradeta de coriandre mòlt

2 tomàquets, ben picats

200 g/7 oz de mongetes mung germinades, al vapor

Afegiu sal al gust

1 cullerada de fulles de coriandre, picades

mètode

- Escalfeu l'oli en una cassola. Afegiu la ceba, el xili verd, el gingebre i l'all. Fregiu la barreja a foc mitjà fins que la ceba estigui daurada.

- Afegiu-hi la resta d'ingredients, excepte les fulles de coriandre. Barrejar bé. Cuini la barreja a foc lent durant 8-10 minuts, remenant de tant en tant.

- Decoreu amb fulles de coriandre. Servir calent.

Mirch Masala

(pebrot verd picant)

Serveis 4

Ingredients

100 g/3½ oz d'espinacs, ben picats

10 g/¼ oz de fulles de fenogrec, tallades finament

25 g/petites fulles de coriandre d'1 oz, ben picades

3 pebrots verds, tallats al llarg

60 ml/2 fl oz d'aigua

3 ½ cullerades d'oli vegetal refinat

2 cullerades de besana*

1 patata gran, bullida i triturada

¼ de culleradeta de cúrcuma

2 culleradetes de coriandre mòlt

½ culleradeta de xili en pols

Afegiu sal al gust

8 pebrots verds petits, sense cor i sense llavors

1 ceba gran picada finament

2 tomàquets, ben picats

mètode

- Barregeu els espinacs, el fenogrec, les fulles de coriandre i el bitxo amb aigua. Cuini la barreja al vapor durant 15 minuts. Escorreu i tritureu aquesta barreja en una pasta.

- Escalfeu la meitat de l'oli en una cassola. Afegiu besan, patates, cúrcuma, coriandre mòlt, xili en pols, sal i pasta d'espinacs. Barrejar bé. Fregiu aquesta barreja a foc mitjà durant 3-4 minuts. Retirar del foc.

- Ompliu aquesta barreja amb pebrots verds.

- Escalfeu ½ cullerada d'oli en una paella. Afegiu-hi els pebrots farcits. Fregiu-los a foc mitjà durant 7-8 minuts, girant-los de tant en tant. Deixar de banda.

- Escalfeu l'oli restant en una paella. Afegiu les cebes. Fregiu-lo a foc mitjà fins que estigui daurat. Afegiu-hi el tomàquet i el pebrot farcit fregit. Barrejar bé. Tapeu amb una tapa i deixeu-ho coure a foc lent durant 4-5 minuts. Servir calent.

Tomàquet Kadhi

(Tomàquet en salsa de farina de grams)

Serveis 4

Ingredients

2 cullerades de besana*

120 ml d'aigua

3 cullerades d'oli vegetal refinat

½ culleradeta de llavors de mostassa

½ culleradeta de llavors de fenogrec

½ culleradeta de comí

2 pebrots verds tallats longitudinalment

8 fulles de curri

1 culleradeta de xili en pols

2 culleradetes de sucre

150 g/5½ oz de verdures congelades barrejades

Afegiu sal al gust

8 tomàquets, blanquejats i triturats

2 cullerades de fulles de coriandre, ben picades

mètode

- Barregeu besan amb aigua per fer una pasta llisa. Deixar de banda.

- Escalfeu l'oli en una paella. Afegiu mostassa, fenogrec i comí, bitxo verd, fulles de curri, bitxo en pols i sucre. Deixeu-los ruixar durant 30 segons.

- Afegiu verdures i sal. Fregiu la barreja a foc mitjà durant un minut.

- Afegiu-hi el puré de tomàquet. Barrejar bé. Bulliu la barreja a foc lent durant 5 minuts.

- Afegiu la pasta de besan. Cuini durant 3-4 minuts més.

- Decoreu el kadhi amb fulles de coriandre. Servir calent.

Kolhapuri vegetal

(Verdures calentes barrejades)

Serveis 4

Ingredients

200 g/7 oz de verdures congelades barrejades

125 g/4½ oz de pèsols congelats

500 ml/16 fl oz d'aigua

2 xiles vermells

Arrel de gingebre de 2,5 cm/1 polzada

8 grans d'all

2 pebrots verds

50 g/1¾ oz de fulles de coriandre, ben picades

3 cullerades d'oli vegetal refinat

3 cebes petites, tallades finament

3 tomàquets, ben picats

¼ de culleradeta de cúrcuma

¼ de culleradeta de coriandre mòlt

Afegiu sal al gust

mètode

- Barrejar verdures i pèsols amb aigua. Cuini la barreja en una cassola a foc mitjà durant 10 minuts. Deixar de banda.

- Tritureu el bitxo vermell, el gingebre, l'all, el xile verd i les fulles de coriandre en una pasta fina.

- Escalfeu l'oli en una paella. Afegiu-hi la pasta de gingebre de xili vermell mòlt i la ceba. Fregiu la barreja a foc mitjà durant 2 minuts.

- Afegiu els tomàquets, la cúrcuma, el coriandre mòlt i la sal. Fregiu aquesta barreja durant 2-3 minuts, remenant de tant en tant.

- Afegiu verdures cuites. Barrejar bé. Cobrir amb una tapa i coure la barreja a foc lent durant 5-6 minuts, remenant regularment.

- Servir calent.

Undhiyu

(Gujarati barreja de verdures amb boletes)

Serveis 4

Ingredients

2 patates grans, pelades

250 g de faves

1 plàtan verd, pelat

20 g/¾ oz de ñames, pelades

2 albergínies més petites

60 g/2 oz de coco fresc ratllat

8 grans d'all

2 pebrots verds

Arrel de gingebre de 2,5 cm/1 polzada

100 g/3½ oz de fulles de coriandre, ben picades

Afegiu sal al gust

60 ml/2 fl oz d'oli vegetal refinat més additiu per fregir

Un polsim d'asafètida

½ culleradeta de llavors de mostassa

250 ml/8 fl oz d'aigua

Per als muttys:

60 g/2 oz de besan*

25 g/petites 1 oz de fulles fresques de fenogrec, tallades finament

½ culleradeta de pasta de gingebre

2 pebrots verds, ben picats

mètode

- Talleu les patates, les mongetes, el plàtan, el ñame i l'albergínia. Deixar de banda.
- Tritureu el coco, l'all, els xilis verds, el gingebre i les fulles de coriandre en una pasta. Barreja aquesta pasta amb verdures tallades a daus i sal. Deixar de banda.
- Barregeu tots els ingredients per al muthian. Amasseu la barreja en una massa ferma. Dividiu la massa en boles de la mida d'una nou.
- Escalfeu l'oli de fregir en una paella. Afegiu muthies. Fregiu-los a foc mitjà fins que estiguin daurats. Escórrer i reservar.
- Escalfeu l'oli restant en una paella. Afegiu-hi asfètida i llavors de mostassa. Deixeu-los ruixar durant 15 segons.
- Afegiu aigua, muthias i verdures barrejades. Barrejar bé. Tapa i cuini a foc lent durant 20 minuts, remenant regularment. Servir calent.

Curry de banana Kofta

Serveis 4

Ingredients
Per als cardigans:

2 plàtans verds, cuits i pelats

2 patates grans, bullides i pelades

3 pebrots verds, ben picats

1 ceba gran picada finament

1 cullerada de fulles de coriandre, ben picades

1 cullerada de besana*

½ culleradeta de xili en pols

Afegiu sal al gust

Ghee per fregir

Per al curri:

75 g/2½ oz de ghee

1 ceba gran picada finament

10 alls premsats

1 cullerada de coriandre mòlt

1 culleradeta de garam masala

2 tomàquets, ben picats

3 fulles de curri

Afegiu sal al gust

250 ml/8 fl oz d'aigua

½ cullerada de fulles de coriandre, ben picades

mètode

- Tritureu els plàtans i les patates junts.
- Barrejar amb la resta dels ingredients de kofta, excepte el ghee. Amasseu aquesta barreja en una massa ferma. Dividiu la massa en boles de la mida d'una nou per fer koftis.
- Escalfeu el ghee per fregir en una paella. Afegiu koftas. Fregiu-los a foc mitjà fins que estiguin daurats. Escórrer i reservar.
- Per al curri, escalfeu el ghee en una paella. Afegiu la ceba i l'all. Fregiu a foc mitjà fins que la ceba es faci transparent. Afegiu el coriandre mòlt i el garam masala. Fregir durant 2-3 minuts.
- Afegiu els tomàquets, les fulles de curri, la sal i l'aigua. Barrejar bé. Cuini la barreja durant 15 minuts, remenant de tant en tant.
- Afegiu koftas fregides. Tapeu amb una tapa i continueu cuinant a foc lent durant 2-3 minuts.
- Decoreu amb fulles de coriandre. Servir calent.

Carbassa amarga amb ceba

Serveis 4

Ingredients

500 g/1lb 2 oz de carbassa amarga*

Afegiu sal al gust

750 ml/1¼ litres d'aigua

4 cullerades d'oli vegetal refinat

½ culleradeta de comí

½ culleradeta de llavors de mostassa

Un polsim d'asafètida

½ culleradeta de pasta de gingebre

½ culleradeta de pasta d'all

2 cebes grans ben picades

½ culleradeta de cúrcuma

1 culleradeta de xili en pols

1 culleradeta de comí mòlt

1 culleradeta de coriandre mòlt

1 culleradeta de sucre

El suc d'1 llimona

1 cullerada de fulles de coriandre, ben picades

mètode

- Peleu les carbasses amargues i talleu-les en anelles fines. Descartar les llavors.
- Coeu-los amb sal i aigua en una cassola a foc mitjà durant 5-7 minuts. Retirar del foc, escórrer i escórrer, reservar.
- Escalfeu l'oli en una paella. Afegiu-hi el comí i les llavors de mostassa. Deixeu-los ruixar durant 15 segons.
- Afegiu-hi l'asafètida, la pasta de gingebre i la pasta d'all. Fregiu la barreja a foc mitjà durant un minut.
- Afegiu les cebes. Fregiu-los durant 2-3 minuts.
- Afegiu la cúrcuma, el xili en pols, el comí mòlt i el coriandre mòlt. Barrejar bé.

- Afegiu la carbassa amarga, el sucre i el suc de llimona. Barrejar bé. Cobrir amb una tapa i coure la barreja a foc lent durant 6-7 minuts, remenant regularment.
- Decoreu amb fulles de coriandre. Servir calent.

Sukha Khatta Chana

(Cigrons secs en escabetx)

Serveis 4

Ingredients

4 grans de pebre negre

2 claus

2,5 cm/1 en canyella

½ culleradeta de llavors de coriandre

½ culleradeta de llavors de comí negre

½ culleradeta de comí

500 g de cigrons en remull durant la nit

Afegiu sal al gust

1 litre/1¾ pinta d'aigua

1 cullerada de llavors de magrana seques

Afegiu sal al gust

1 cm/½ d'arrel de gingebre, tallada finament

1 bitxo verd, picat

2 culleradetes de pasta de tamarind

2 cullerades de ghee

1 patata petita, tallada a daus

1 tomàquet, picat finament

mètode

- Per a la barreja d'espècies, tritureu els grans de pebre, els claus, la canyella, el coriandre, les llavors de comí negre i el comí en una pols fina. Deixar de banda.
- Barrejar els cigrons amb sal i aigua. Cuini aquesta barreja en una cassola a foc mitjà durant 45 minuts. Deixar de banda.
- Torrar en sec les llavors de magrana en una paella a foc mitjà durant 2-3 minuts. Retirar del foc i triturar fins a obtenir una pols. Barregeu-ho amb sal i torneu a fregir la barreja durant 5 minuts. Transferir a una cassola.
- Afegiu-hi el gingebre, el xili verd i la pasta de tamarind. Cuini aquesta barreja a foc mitjà durant 4-5 minuts. Afegiu la barreja d'espècies mòltes. Barrejar bé i reservar.
- Escalfeu el ghee en una altra paella. Afegir patates. Fregiu-los a foc mitjà fins que estiguin daurats.
- Afegiu patates fregides als cigrons cuits. Afegiu també la barreja d'espècies mòltes de tamarind.
- Barrejar bé i coure a foc lent durant 5-6 minuts.

Bharwan Karela

(jaggery farcit)

Serveis 4

Ingredients
500 g/1lb 2 oz de carabasses amargues petites*

Afegiu sal al gust

1 culleradeta de cúrcuma

Oli vegetal refinat per fregir

Per al farcit:
5-6 pebrots verds

Arrel de gingebre de 2,5 cm/1 polzada

12 grans d'all

3 cebes petites

1 cullerada d'oli vegetal refinat

4 patates grans, bullides i triturades

½ culleradeta de cúrcuma

½ culleradeta de xili en pols

1 culleradeta de comí mòlt

1 culleradeta de coriandre mòlt

Un polsim d'asafètida

Afegiu sal al gust

mètode

- Peleu les carbasses amargues. Talleu-los amb cura al llarg, mantenint el fons intacte. Traieu les llavors i la polpa i descarteu-les. Frega la sal i la cúrcuma a la pell externa. Deixeu-los de banda durant 4-5 hores.
- Per al farcit, tritureu el bitxo, el gingebre, l'all i la ceba en una pasta. Deixar de banda.
- Escalfeu 1 cullerada d'oli en una paella. Afegiu la ceba, el gingebre i la pasta d'all. Fregiu-ho a foc mitjà durant 2-3 minuts.
- Afegiu la resta d'ingredients al farcit. Barrejar bé. Fregiu la barreja a foc mitjà durant 3-4 minuts.
- Retirar del foc i refredar la barreja. Ompliu aquesta barreja a les carbasses. Lligar cada carbassa amb un cordó perquè el farcit no caigui durant la cocció.
- Escalfeu l'oli de fregir en una paella. Afegiu-hi la carbassa farcida. Fregiu-los a foc mitjà fins que estiguin daurats i cruixents, girant-los sovint.
- Desfer els nusos i descartar els fils. Servir calent.

Curry de col Kofta

(rodons amb col en salsa)

Serveis 4

Ingredients

1 col gran, triturada

250 g/9 oz de besan*

Afegiu sal al gust

Oli vegetal refinat per fregir

2 cullerades de fulles de coriandre, per decorar

Per a la salsa:

3 cullerades d'oli vegetal refinat

3 fulles de llorer

1 cardamom negre

1 cm/½ en canyella

1 clau

1 ceba gran,

ben picada

2,5 cm/1 en arrel de gingebre, tallada

3 tomàquets, ben picats

1 culleradeta de coriandre mòlt

1 culleradeta de comí mòlt

Afegiu sal al gust

250 ml/8 fl oz d'aigua

mètode

- Pastar la col, el besan i la sal en una massa suau. Dividiu la massa en boles de la mida d'una nou.
- Escalfeu l'oli en una paella. Afegiu les boles. Fregiu-los a foc mitjà fins que estiguin daurats. Escórrer i reservar.
- Per a la salsa, escalfeu l'oli en una paella. Afegiu-hi fulles de llorer, cardamom, canyella i clau. Deixeu-los ruixar durant 30 segons.
- Afegiu la ceba i el gingebre. Fregiu aquesta barreja a foc mitjà fins que la ceba quedi translúcida.
- Afegiu els tomàquets, el coriandre mòlt i el comí mòlt. Barrejar bé. Fregir durant 2-3 minuts.
- Afegiu sal i aigua. Remeneu durant un minut. Cobrir amb una tapa i coure a foc lent durant 5 minuts.
- Obriu la paella i afegiu-hi les boles de kofta. Cuini durant 5 minuts més, remenant de tant en tant.
- Decoreu amb fulles de coriandre. Servir calent.

Goju de pinya

(Compota de pinya picant)

Serveis 4

Ingredients

3 cullerades d'oli vegetal refinat

250 ml/8 fl oz d'aigua

1 culleradeta de llavors de mostassa

6 fulles de curri, triturades

Un polsim d'asafètida

½ culleradeta de cúrcuma

Afegiu sal al gust

400 g/14 oz de pinya, picada

Per a la barreja d'espècies:

4 cullerades de coco fresc ratllat

3 pebrots verds

2 xiles vermells

½ culleradeta de llavors de fonoll

½ culleradeta de llavors de fenogrec

1 culleradeta de comí

2 culleradetes de llavors de coriandre

1 petit ram de fulles de coriandre

1 clau

2-3 grans de pebre

mètode

- Barregeu tots els ingredients per a la barreja d'espècies.
- Escalfeu 1 cullerada d'oli en una paella. Afegiu la barreja d'espècies. Fregiu-lo a foc mitjà durant 1-2 minuts, remenant sovint. Retirar del foc i triturar amb mitja aigua fins a obtenir una pasta llisa. Deixar de banda.
- Escalfeu l'oli restant en una cassola. Afegiu llavors de mostassa i fulles de curri. Deixeu-los ruixar durant 15 segons.
- Afegiu-hi asfètida, cúrcuma i sal. Fregir durant un minut.
- Afegiu la pinya, la barreja d'espècies i l'aigua restant. Barrejar bé. Cobrir amb una tapa i coure a foc lent durant 8-12 minuts. Servir calent.

Carbassa amarga de Goju

(compota de carbassa amarga picant)

Serveis 4

Ingredients

Afegiu sal al gust

4 carabasses amargues grans*, pelat, tallat longitudinalment, netejat de llavors i tallat a rodanxes

6 cullerades d'oli vegetal refinat

1 culleradeta de llavors de mostassa

8-10 fulles de curri

1 ceba gran, ratllada

3-4 grans d'all premsats

2 culleradetes de xili en pols

1 culleradeta de comí mòlt

½ culleradeta de cúrcuma

1 culleradeta de coriandre mòlt

2 culleradetes de sambhar en pols*

2 culleradetes de coco fresc, picat

1 cullerada de llavors de fenogrec, rostides en sec i mòltes

2 culleradetes de sèsam blanc, rostit en sec i mòlt

2 cullerades de jaggery*, desfet

½ culleradeta de pasta de tamarind

250 ml/8 fl oz d'aigua

Un polsim d'asafètida

mètode

- Frega la sal a les rodanxes de carbassa amarga. Poseu-los en un bol i cobriu-ho amb paper d'alumini. Deixar de banda durant 30 minuts. Premeu qualsevol excés d'humitat.
- Escalfeu la meitat de l'oli en una cassola. Afegiu el jaggery. Fregiu-los a foc mitjà fins que estiguin daurats. Deixar de banda.
- Escalfeu l'oli restant en una altra paella. Afegiu llavors de mostassa i fulles de curri. Deixeu-los ruixar durant 15 segons.
- Afegiu la ceba i l'all. Fregiu aquesta barreja a foc mitjà fins que la ceba estigui daurada.
- Afegiu el xile en pols, el comí mòlt, la cúrcuma, el coriandre mòlt, la pols de sambhar i el coco. Fregir durant 2-3 minuts.
- Afegiu-hi la resta d'ingredients, excepte l'aigua i l'asafètida. Fregir un minut més.
- Afegiu-hi anxoves fregides, una mica de sal i aigua. Barrejar bé. Cobrir amb una tapa i coure a foc lent durant 12-15 minuts.
- Afegiu l'asafètida. Barrejar bé. Servir calent.

Baingan Mirchi ka Salan

(Albergínia i bitxo)

Serveis 4

Ingredients

6 pebrots verds sencers

4 cullerades d'oli vegetal refinat

600 g/1lb d'albergínies petites, tallades a quarts

4 pebrots verds

1 culleradeta de llavors de sèsam

10 anacards

20-25 cacauets

5 grans de pebre negre

¼ de culleradeta de llavors de fenogrec

¼ de culleradeta de llavors de mostassa

1 culleradeta de pasta de gingebre

1 culleradeta de pasta d'all

1 culleradeta de coriandre mòlt

1 culleradeta de comí mòlt

½ culleradeta de cúrcuma

125 g/4½ oz de iogurt

2 culleradetes de pasta de tamarind

3 xiles vermells sencers

Afegiu sal al gust

1 litre/1¾ pinta d'aigua

mètode

- Netegeu les llavors dels pebrots verds i talleu-los a tires llargues.
- Escalfeu 1 cullerada d'oli en una paella. Afegiu-hi pebrot verd i fregiu-lo a foc mitjà durant 1-2 minuts. Deixar de banda.
- Escalfeu 2 cullerades d'oli en una altra olla. Afegiu l'albergínia i el pebrot verd. Cuini a foc mitjà durant 2-3 minuts. Deixar de banda.
- Escalfeu una paella i fregiu en sec les llavors de sèsam, els anacards, els cacauets i els grans de pebre a foc mitjà durant 1-2 minuts. Retireu del foc i tritureu la barreja gruixuda.
- Escalfeu l'oli restant en una paella. Afegiu llavors de fenigrec, llavors de mostassa, pasta de gingebre, pasta d'all, coriandre mòlt, comí mòlt, cúrcuma i una barreja de llavors de sèsam i anacards. Fregir a foc mitjà durant 2-3 minuts.
- Afegiu pebrot verd estofat, albergínies estofades i tots els altres ingredients. Cuini a foc lent durant 10-12 minuts.
- Servir calent.

Pollastre amb verdures

Serveis 4

Ingredients

750 g/1lb 10 oz de pollastre, tallat en 8 trossos

50 g/1¾ oz d'espinacs, ben picats

25 g/petites 1 oz de fulles fresques de fenogrec, tallades finament

100 g/3½ oz de fulles de coriandre, ben picades

50 g/1¾ oz de fulles de menta, ben picades

6 pebrots verds, ben picats

120 ml/4 fl oz d'oli vegetal refinat

2-3 cebes grans, ben picades

Afegiu sal al gust

mètode

- Barregeu tots els ingredients per a la marinada. Marinar el pollastre en aquesta barreja durant una hora.
- Tritureu els espinacs, les fulles de fenogrec, les fulles de coriandre i les fulles de menta juntament amb els bitxos verds en una pasta llisa. Barreja aquesta pasta amb pollastre marinat. Deixar de banda.

- Escalfeu l'oli en una paella. Afegiu la ceba. Fregiu-los a foc mitjà fins que estiguin daurats.
- Afegiu la barreja de pollastre i sal. Barrejar bé. Tapeu amb una tapa i deixeu-ho coure a foc lent durant 40 minuts, remenant de tant en tant. Servir calent.

Per a la marinada:

1 culleradeta de garam masala

1 culleradeta de coriandre mòlt

1 culleradeta de comí mòlt

200 g/7 oz de iogurt

¼ de culleradeta de cúrcuma

1 culleradeta de xili en pols

1 culleradeta de pasta de gingebre

1 culleradeta de pasta d'all

Pollastre Tikka Masala

Serveis 4

Ingredients

200 g/7 oz de iogurt

½ cullerada de pasta de gingebre

½ cullerada de pasta d'all

Un polsim de colorant alimentari taronja

2 cullerades d'oli vegetal refinat

500 g/1lb 2 oz de pollastre desossat, tallat a trossos de mida petita

1 cullerada de mantega

6 tomàquets, ben picats

2 cebes grans

½ culleradeta de pasta de gingebre

½ culleradeta de pasta d'all

½ culleradeta de cúrcuma

1 cullerada de garam masala

1 culleradeta de xili en pols

Afegiu sal al gust

1 cullerada de fulles de coriandre, ben picades

mètode

- Per al tikka, barregeu iogurt, pasta de gingebre, pasta d'all, colorant alimentari i 1 cullerada d'oli. Marinar el pollastre en aquesta barreja durant 5 hores.
- Grill el pollastre marinat durant 10 minuts. Deixar de banda.
- Escalfeu la mantega en una cassola. Afegiu-hi els tomàquets. Fregiu-los a foc mitjà durant 3-4 minuts. Retirar del foc i barrejar fins a una pasta llisa. Deixar de banda.
- Tritureu la ceba fins a obtenir una pasta llisa.
- Escalfeu l'oli restant en una cassola. Afegiu la pasta de ceba. Fregiu-lo a foc mitjà fins que estigui daurat.

- Afegiu la pasta de gingebre i la pasta d'all. Fregir durant un minut.
- Afegiu la cúrcuma, el garam masala, el xili en pols i el puré de tomàquet. Barrejar bé. Remeneu la barreja durant 3-4 minuts.
- Rectifiqueu de sal i afegiu-hi el pollastre rostit. Remeneu suaument fins que la salsa cobreixi el pollastre.
- Decoreu amb fulles de coriandre. Servir calent.

Pollastre farcit picant amb una salsa rica

Serveis 4

Ingredients

½ culleradeta de xili en pols

½ culleradeta de garam masala

4 culleradetes de pasta de gingebre

4 culleradetes de pasta d'all

Afegiu sal al gust

8 pits de pollastre, aplanats

4 cebes grans ben picades

Arrel de gingebre de 5 cm, tallada finament

5 pebrots verds, ben picats

200 g/7 oz de khoya*

2 cullerades de suc de llimona

50 g/1¾ oz de fulles de coriandre, ben picades

15 anacards

5 culleradetes de coco dessecat

30 g/1 oz d'ametlles en escates

1 culleradeta de safrà, remullat amb 1 culleradeta de llet

150 g/5½ oz de mantega

200 g/7 oz de iogurt batut

mètode

- Barregeu el xili en pols, el garam masala, la meitat la pasta de gingebre, la meitat la pasta d'all i una mica de sal. Marinar el pit de pollastre en aquesta barreja durant 2 hores.
- Barregeu la meitat de la ceba amb el gingebre picat, el bitxo verd, la khoya, el suc de llimona, la sal i la meitat de les fulles de coriandre. Dividiu aquesta barreja en 8 parts iguals.
- Col·loqueu cada secció a l'extrem estret de cada pit de pollastre i enrotlleu cap a dins per segellar el pit. Deixar de banda.
- Preescalfeu el forn a 200 °C (400 °F, marca de gas 6). Col·loqueu el pit de pollastre farcit en una safata de forn untada i coure durant 15-20 minuts fins que estigui daurat. Deixar de banda.
- Tritureu els anacards i el coco fins a obtenir una pasta llisa. Deixar de banda.
- Remullar les ametlles amb la barreja de llet de safrà. Deixar de banda.
- Escalfeu el ghee en una paella. Afegiu la ceba restant. Fregiu-los a foc mitjà fins que quedin translúcids. Afegiu la resta de pasta de gingebre i la pasta d'all. Fregiu la barreja durant un minut.
- Afegiu anacard i pasta de coco. Fregir durant un minut. Afegiu el iogurt i el pit de pollastre rostit. Barrejar bé. Cuini a foc lent durant 5-6 minuts, remenant sovint. Afegiu-hi la barreja d'ametlla i safrà. Barrejar suaument. Cuini a foc lent durant 5 minuts.

- Decoreu amb fulles de coriandre. Servir calent.

Masala de pollastre picant

Serveis 4

Ingredients

6 pebrots vermells secs sencers

2 cullerades de llavors de coriandre

6 càpsules de cardamom verd

6 claus

5 cm/2 en canyella

2 culleradetes de llavors de fonoll

½ culleradeta de pebre negre en gra

120 ml/4 fl oz d'oli vegetal refinat

2 cebes grans, tallades a rodanxes

1 cm/½ de gingebre, ratllat

8 alls premsats

2 tomàquets grans, ben picats

3-4 fulles de llorer

1 kg/2¼ lliures de pollastre, tallat en 12 trossos

½ culleradeta de cúrcuma

Afegiu sal al gust

500 ml/16 fl oz d'aigua

100 g/3½ oz de fulles de coriandre, ben picades

mètode

- Barreja el xili vermell, llavors de coriandre, cardamom, clau, canyella, llavors de fonoll i grans de pebre.
- Assecar la barreja i triturar-la en pols. Deixar de banda.
- Escalfeu l'oli en una paella. Afegiu la ceba. Fregiu-los a foc mitjà fins que estiguin daurats.
- Afegiu-hi el gingebre i l'all. Fregir durant un minut.
- Afegiu els tomàquets, les fulles de llorer i el bitxo vermell mòlt i la pols de llavors de coriandre. Continueu fregint durant 2-3 minuts.
- Afegiu el pollastre, la cúrcuma, la sal i l'aigua. Barrejar bé. Tapar i coure durant 40 minuts, remenant regularment.
- Decoreu el pollastre amb fulles de coriandre. Servir calent.

pollastre al caixmir

Serveis 4

Ingredients

2 cullerades de vinagre de malta

2 culleradetes de flocs de xili

2 culleradetes de llavors de mostassa

2 culleradetes de comí

½ culleradeta de pebre negre en gra

7,5 cm/3 en canyella

10 claus

75 g/2½ oz de ghee

1 kg/2¼ lliures de pollastre, tallat en 12 trossos

1 cullerada d'oli vegetal refinat

4 fulles de llorer

4 cebes mitjanes, ben picades

1 cullerada de pasta de gingebre

1 cullerada de pasta d'all

3 tomàquets, ben picats

1 culleradeta de cúrcuma

500 ml/16 fl oz d'aigua

Afegiu sal al gust

20 anacards, mòlts

6 brins de safrà sucats amb el suc d'1 llimona

mètode

- Barregeu el vinagre de malta amb el bitxo, les llavors de mostassa, el comí, els grans de pebre, la canyella i els claus. Tritureu aquesta barreja fins a obtenir una pasta llisa. Deixar de banda.
- Escalfeu el ghee en una paella. Afegiu-hi els trossos de pollastre i fregiu-los a foc mitjà fins que estiguin daurats. Escórrer i reservar.
- Escalfeu l'oli en una cassola. Afegiu la fulla de llorer i la ceba. Fregiu aquesta barreja a foc mitjà fins que la ceba estigui daurada.
- Afegiu la pasta de vinagre. Barrejar bé i coure a foc lent durant 7-8 minuts.
- Afegiu la pasta de gingebre i la pasta d'all. Fregiu aquesta barreja durant un minut.
- Afegiu els tomàquets i la cúrcuma. Barrejar bé i coure a foc mitjà durant 2-3 minuts.
- Afegiu-hi el pollastre fregit, l'aigua i la sal. Barrejar bé per arrebossar el pollastre. Tapa i deixa coure a foc lent durant 30 minuts, remenant de tant en tant.
- Afegiu-hi els anacards i el safrà. Continueu cuinant a foc lent durant 5 minuts. Servir calent.

Rom i pollastre

Serveis 4

Ingredients

1 culleradeta de garam masala

1 culleradeta de xili en pols

1 kg/2¼ lb de pollastre, tallat en 8 trossos

6 grans d'all

4 grans de pebre negre

4 claus

½ culleradeta de comí

2,5 cm/1 en canyella

50 g/1¾ oz de coco fresc, ratllat

4 ametlles

1 càpsula de cardamom verd

1 cullerada de llavors de coriandre

300 ml/10 fl oz d'aigua

75 g/2½ oz de ghee

3 cebes grans ben picades

Afegiu sal al gust

½ culleradeta de safrà

120 ml de rom fosc

1 cullerada de fulles de coriandre, ben picades

mètode

- Barregeu el garam masala i el xili en pols. Marinar el pollastre en aquesta barreja durant 2 hores.
- All torrat sec, grans de pebre, clau, comí, canyella, coco, ametlles, cardamom i llavors de coriandre.
- Tritureu amb 60 ml/2 fl oz d'aigua fins a obtenir una pasta llisa. Deixar de banda.
- Escalfeu el ghee en una paella. Afegiu la ceba i deixeu-ho coure a foc mitjà fins que estigui translúcid.
- Afegiu-hi la pasta d'all i pebre. Barrejar bé. Fregiu la barreja durant 3-4 minuts.
- Afegiu el pollastre marinat i la sal. Barrejar bé. Continueu fregint durant 3-4 minuts, remenant de tant en tant.
- Afegiu 240 ml d'aigua. Barrejar suaument. Tapeu amb una tapa i deixeu-ho coure a foc lent durant 40 minuts, remenant regularment.
- Afegiu-hi el safrà i el rom. Barregeu bé i continueu cuinant a foc lent durant 10 minuts.
- Decoreu amb fulles de coriandre. Servir calent.

Pollastre Shahjahani

(Pollastre amb salsa calenta)

Serveis 4

Ingredients

5 cullerades d'oli vegetal refinat

2 fulles de llorer

5 cm/2 en canyella

6 càpsules de cardamom verd

½ culleradeta de comí

8 claus

3 cebes grans ben picades

1 culleradeta de cúrcuma

1 culleradeta de xili en pols

1 culleradeta de pasta de gingebre

1 culleradeta de pasta d'all

Afegiu sal al gust

75 g/2½ oz d'anacards, mòlts

150 g/5½ oz de iogurt batut

1 kg/2¼ lb de pollastre, tallat en 8 trossos

2 cullerades de nata única

¼ de culleradeta de cardamom negre mòlt

10 g/¼ oz de fulles de coriandre, ben picades

mètode

- Escalfeu l'oli en una cassola. Afegiu fulles de llorer, canyella, cardamom, comí i clau. Deixeu-los ruixar durant 15 segons.
- Afegiu la ceba, la cúrcuma i el xili en pols. Cuini la barreja a foc mitjà durant 1-2 minuts.
- Afegiu la pasta de gingebre i la pasta d'all. Fregir durant 2-3 minuts, remenant constantment.
- Afegiu sal i anacards mòlts. Barrejar bé i sofregir un minut més.
- Afegiu el iogurt i el pollastre. Remeneu suaument fins que la barreja cobreixi els trossos de pollastre.
- Tapeu amb una tapa i deixeu coure la barreja a foc lent durant 40 minuts, remenant sovint.
- Destapeu el recipient i afegiu-hi la nata i el cardamom mòlt. Barrejar suaument durant 5 minuts.
- Decoreu el pollastre amb fulles de coriandre. Servir calent.

pollastre de Pasqua

Serveis 4

Ingredients

1 culleradeta de suc de llimona

1 culleradeta de pasta de gingebre

1 culleradeta de pasta d'all

Afegiu sal al gust

1 kg/2¼ lb de pollastre, tallat en 8 trossos

2 cullerades de llavors de coriandre

12 grans d'all

Arrel de gingebre de 2,5 cm/1 polzada

1 culleradeta de comí

8 xiles vermells

4 claus

2,5 cm/1 en canyella

1 culleradeta de cúrcuma

1 litre/1¾ pinta d'aigua

4 cullerades d'oli vegetal refinat

3 cebes grans ben picades

4 pebrots verds, tallats al llarg

3 tomàquets, ben picats

1 cullerada de pasta de tamarind

2 patates grans, tallades a quarts

mètode

- Barreja el suc de llimona, la pasta de gingebre, la pasta d'all i la sal. Marinar els trossos de pollastre en aquesta barreja durant 2 hores.
- Barregeu llavors de coriandre, all, gingebre, comí, bitxo vermell, clau, canyella i cúrcuma.
- Tritureu aquesta barreja amb mitja aigua fins a obtenir una pasta llisa. Deixar de banda.
- Escalfeu l'oli en una cassola. Afegiu la ceba. Fregiu-los a foc mitjà fins que quedin translúcids.
- Afegiu pebre verd i pasta de llavors de coriandre i all. Fregiu aquesta barreja durant 3-4 minuts.
- Afegiu els tomàquets i la pasta de tamarind. Continueu fregint durant 2-3 minuts.
- Afegiu el pollastre marinat, les patates i l'aigua restant. Barrejar bé. Tapar i coure durant 40 minuts, remenant regularment.
- Servir calent.

Ànec picant amb patates

Serveis 4

Ingredients

1 culleradeta de coriandre mòlt

2 culleradetes de xili en pols

¼ de culleradeta de cúrcuma

5 cm/2 en canyella

6 claus

4 càpsules de cardamom verd

1 cullerada de llavors de fonoll

60 ml/2 fl oz d'oli vegetal refinat

4 cebes grans, tallades a rodanxes fines

Arrel de gingebre de 5 cm, picada

8 grans d'all

6 pebrots verds, tallats al llarg

3 patates grans, tallades a quarts

1 kg/2¼ lb d'ànec, tallat en 8-10 trossos

2 culleradetes de vinagre de malta

750 ml/1¼ litre de llet de coco

Afegiu sal al gust

1 culleradeta de ghee

1 culleradeta de llavors de mostassa

2 escalunyes, a rodanxes

8 fulles de curri

mètode

- Barrejar coriandre, xile en pols, cúrcuma, canyella, clau, cardamom i llavors de fonoll. Tritureu aquesta barreja en pols. Deixar de banda.
- Escalfeu l'oli en una cassola. Afegiu la ceba, el gingebre, l'all i els xilis verds. Fregir a foc mitjà durant 2-3 minuts.
- Afegiu la barreja d'espècies en pols. Cuini a foc lent durant 2 minuts.
- Afegir patates. Continueu fregint durant 3-4 minuts.
- Afegiu l'ànec, el vinagre de malta, la llet de coco i la sal. Barrejar durant 5 minuts. Tapeu amb una tapa i deixeu coure la barreja a foc lent durant 40 minuts, remenant sovint. Quan l'ànec estigui cuit, retireu-lo del foc i reserveu-lo.
- Escalfeu el ghee en una cassola petita. Afegiu llavors de mostassa, escalunyes i fulles de curri. Fregir a foc fort durant 30 segons.
- Aboqueu això sobre l'ànec. Barrejar bé. Servir calent.

Moile l'ànec

(Curry d'ànec senzill)

Serveis 4

Ingredients

1 kg/2¼ lb d'ànec, tallat en 12 trossos

Afegiu sal al gust

1 cullerada de coriandre mòlt

1 culleradeta de comí mòlt

6 grans de pebre negre

4 claus

2 càpsules de cardamom verd

2,5 cm/1 en canyella

120 ml/4 fl oz d'oli vegetal refinat

3 cebes grans ben picades

Arrel de gingebre de 5 cm, tallada finament

3 pebrots verds, ben picats

½ culleradeta de sucre

2 cullerades de vinagre de malta

360 ml/12 fl oz d'aigua

mètode

- Marinar els trossos d'ànec amb sal durant una hora.
- Barregeu coriandre mòlt, comí mòlt, grans de pebre, clau, cardamom i canyella. Fregiu aquesta barreja en una paella a foc mitjà durant 1-2 minuts.
- Retirar del foc i triturar fins a obtenir una pols fina. Deixar de banda.
- Escalfeu l'oli en una cassola. Afegiu-hi els trossos d'ànec marinats. Fregiu-los a foc mitjà fins que estiguin daurats. Gireu-los de tant en tant perquè no es cremin. Escórrer i reservar.
- Escalfeu el mateix oli i afegiu-hi la ceba. Fregiu-los a foc mitjà fins que estiguin daurats.
- Afegiu el gingebre i el pebre verd. Continueu fregint durant 1-2 minuts.
- Afegiu el sucre, el vinagre de malta i el coriandre-comí en pols. Barrejar durant 2-3 minuts.
- Afegiu-hi els trossos d'ànec fregits juntament amb l'aigua. Barrejar bé. Tapeu i cuini a foc lent durant 40 minuts, remenant de tant en tant.
- Servir calent.

Bharwa Murgh Kaju

(Pollastre farcit de anacards)

Serveis 4

Ingredients

3 culleradetes de pasta de gingebre

3 culleradetes de pasta d'all

10 anacards, mòlts

1 culleradeta de xili en pols

1 culleradeta de garam masala

Afegiu sal al gust

8 pits de pollastre, aplanats

4 cebes grans ben picades

200 g/7 oz de khoya*

6 pebrots verds, ben picats

25 g/petites fulles de menta d'1 oz, tallades finament

25 g/petites fulles de coriandre d'1 oz, ben picades

2 cullerades de suc de llimona

75 g/2½ oz de ghee

75 g/2½ oz d'anacards, mòlts

400 g/14 oz de iogurt batut

2 culleradetes de garam masala

2 culleradetes de safrà, remullats en 2 cullerades de llet tèbia

Afegiu sal al gust

mètode

- Barregeu la meitat de la pasta de gingebre i la meitat de la pasta d'all amb anacards mòlts, xili en pols, garam masala i una mica de sal.
- Marinar el pit de pollastre en aquesta barreja durant 30 minuts.
- Barregeu la meitat de la ceba amb khoya, xili verd, fulles de menta, fulles de coriandre i suc de llimona. Dividiu aquesta barreja en 8 parts iguals.
- Repartiu el pit de pollastre marinat. Poseu-hi una mica de la barreja de ceba-khoya. Enrotllar com un rotllo.
- Repetiu això per a la resta de pits de pollastre.
- Unteu una safata de forn i hi poseu els pits de pollastre farcits, amb els extrems lliures cap avall.
- Coure el pollastre al forn a 200 °C (400 °F, marca de gas 6) durant 20 minuts. Deixar de banda.
- Escalfeu el ghee en una paella. Afegiu la ceba restant. Fregiu-los a foc mitjà fins que quedin translúcids.

- Afegiu la resta de pasta de gingebre i la pasta d'all. Fregiu la barreja durant 1-2 minuts.
- Afegiu anacards mòlts, iogurt i garam masala. Barrejar durant 1-2 minuts.
- Afegiu els rotllos de pollastre al forn, la barreja de safrà i una mica de sal. Barrejar bé. Tapeu amb una tapa i deixeu-ho coure a foc lent durant 15-20 minuts. Servir calent.

Masala de pollastre amb iogurt

Serveis 4

Ingredients

1 kg/2¼ lliures de pollastre, tallat en 12 trossos

Arrel de gingebre de 7,5 cm, ratllada

10 alls premsats

½ culleradeta de xili en pols

½ culleradeta de garam masala

½ culleradeta de cúrcuma

2 pebrots verds

Afegiu sal al gust

200 g/7 oz de iogurt

½ culleradeta de comí

1 culleradeta de llavors de coriandre

4 claus

4 grans de pebre negre

2,5 cm/1 en canyella

4 càpsules de cardamom verd

6-8 ametlles

5 cullerades de ghee

4 cebes mitjanes, ben picades

250 ml/8 fl oz d'aigua

1 cullerada de fulles de coriandre, ben picades

mètode

- Punxeu els trossos de pollastre amb una forquilla. Deixar de banda.
- Barregeu la meitat del gingebre i l'all amb el xile en pols, el garam masala, la cúrcuma, el xili verd i la sal. Tritureu aquesta barreja fins a obtenir una pasta llisa. Batre la pasta amb el iogurt.
- Marinar el pollastre en aquesta barreja durant 4-5 hores. Deixar de banda.
- Escalfeu l'olla. Comí torrat sec, llavors de coriandre, clau, grans de pebre, canyella, cardamom i ametlles. Deixar de banda.

- Escalfeu 4 cullerades de ghee en una paella gruixuda. Afegiu les cebes. Fregiu-los a foc mitjà fins que quedin translúcids.
- Afegiu el gingebre i l'all restants. Fregir durant 1-2 minuts.
- Retireu del foc i tritureu aquesta barreja amb la barreja de comí rostit sec i coriandre fins a obtenir una pasta llisa.

- Escalfeu el ghee restant en una cassola. Afegiu-hi la pasta i fregiu-la a foc mitjà durant 2-3 minuts.
- Afegiu-hi el pollastre marinat i fregiu-ho durant 3-4 minuts més.
- Afegiu aigua. Barrejar suaument durant un minut. Tapa i cuini a foc lent durant 30 minuts, remenant regularment.
- Decoreu amb fulles de coriandre i serviu calent.

Pollastre Dhansak

(Pollastre cuit a l'estil Parsi)

Serveis 4

Ingredients

75 g/2½ oz o dhal*

75 g/2½ oz de mung dhal*

75 g/2½ oz masoor dhal*

75 g/2½ oz de chana dhal*

1 albergínia petita, tallada finament

25 g/petita 1 oz de carbassa, tallada finament

Afegiu sal al gust

1 litre/1¾ pinta d'aigua

8 grans de pebre negre

6 claus

2,5 cm/1 en canyella

Un pessic de maça

2 fulles de llorer

1 anís estrellat

3 xiles vermells secs

2 cullerades d'oli vegetal refinat

50 g/1¾ oz de fulles de coriandre, ben picades

50 g/1¾ oz de fulles fresques de fenogrec, tallades finament

50 g/1¾ oz de fulles de menta, ben picades

750 g/1lb 10 oz de pollastre desossat, tallat en 12 trossos

1 culleradeta de cúrcuma

¼ de culleradeta de nou moscada ratllada

1 cullerada de pasta d'all

1 cullerada de pasta de gingebre

1 cullerada de pasta de tamarind

mètode

- Barrejar dhal amb albergínia, carbassa, sal i mitja aigua. Cuini aquesta barreja en una cassola a foc mitjà durant 45 minuts.
- Retirar del foc i barrejar aquesta barreja en una pasta llisa. Deixar de banda.
- Barrejar grans de pebre, clau, canyella, nou moscada, llorer, anís estrellat i xile vermell. Fregiu la barreja a foc mitjà durant 2-3 minuts. Retirar del foc i triturar fins a obtenir una pols fina. Deixar de banda.
- Escalfeu l'oli en una cassola. Afegiu-hi coriandre, fenogrec i fulles de menta. Fregiu-los a foc mitjà durant 1-2 minuts. Retirar del foc i triturar fins obtenir una pasta. Deixar de banda.
- Barregeu el pollastre amb la cúrcuma, la nou moscada, la pasta d'all, la pasta de gingebre, la pasta dhal i l'aigua

restant. Cuini aquesta barreja en una cassola a foc mitjà durant 30 minuts, remenant de tant en tant.
- Afegiu-hi la pasta de fulles de coriandre, fenogrec i menta. Coure durant 2-3 minuts.
- Afegiu pebre, clau d'olor en pols i pasta de tamarind. Barrejar bé. Remeneu la barreja a foc lent durant 8-10 minuts.
- Servir calent.

Pollastre Chatpata

(Beure pollastre)

Serveis 4

Ingredients

500 g/1lb 2 oz de pollastre desossat, tallat a trossos petits

2 cullerades d'oli vegetal refinat

150 g de floretes de coliflor

200 g/7 oz de bolets, a rodanxes

1 pastanaga gran, tallada a rodanxes

1 pebrot verd gran, sense cor i picat

Afegiu sal al gust

½ culleradeta de pebre negre mòlt

10-15 fulles de curri

5 pebrots verds, ben picats

Arrel de gingebre de 5 cm, tallada finament

10 grans d'all, ben picats

4 cullerades de puré de tomàquet

4 cullerades de fulles de coriandre, ben picades

Per a la marinada:

125 g/4½ oz de iogurt

1½ cullerades de pasta de gingebre

1½ cullerades de pasta d'all

1 culleradeta de xili en pols

1 culleradeta de garam masala

Afegiu sal al gust

mètode

- Barregeu tots els ingredients per a la marinada.
- Marinar el pollastre en aquesta barreja durant 1 hora.
- Escalfeu mitja cullerada d'oli en una paella. Afegiu-hi la coliflor, els bolets, les pastanagues, el pebre verd, la sal i el pebre negre mòlt. Barrejar bé. Fregiu la barreja a foc mitjà durant 3-4 minuts. Deixar de banda.
- Escalfeu l'oli restant en una altra paella. Afegiu fulles de curri i bitxos verds. Fregiu-los a foc mitjà durant un minut.
- Afegiu-hi el gingebre i l'all. Fregir un minut més.
- Afegiu el pollastre marinat i les verdures fregides. Fregir durant 4-5 minuts.
- Afegiu-hi el puré de tomàquet. Barrejar bé. Tapeu amb una tapa i deixeu coure la barreja a foc lent durant 40 minuts, remenant de tant en tant.
- Decoreu amb fulles de coriandre. Servir calent.

Ànec Masala amb llet de coco

Serveis 4

Ingredients

1 kg/2¼ lb d'ànec, tallat en 12 trossos

Oli vegetal refinat per fregir

3 patates grans, picades

750 ml/1¼ litres d'aigua

4 culleradetes d'oli de coco

1 ceba gran, picada finament

100 g/3½ oz de llet de coco

Per a la barreja d'espècies:

2 culleradetes de coriandre mòlt

½ culleradeta de cúrcuma

1 culleradeta de pebre negre mòlt

¼ culleradeta de comí

¼ de culleradeta de llavors de comí negre

2,5 cm/1 en canyella

9 claus

2 càpsules de cardamom verd

8 grans d'all

Arrel de gingebre de 2,5 cm/1 polzada

1 cullerada de vinagre de malta

Afegiu sal al gust

mètode

- Barregeu els ingredients per a la barreja d'espècies i tritureu-los fins a obtenir una pasta llisa.
- Marinar l'ànec en aquesta pasta durant 2-3 hores.
- Escalfeu l'oli en una cassola. Afegiu-hi les patates i fregiu-les a foc mitjà fins que estiguin daurades. Escórrer i reservar.
- Escalfeu l'aigua en una cassola. Afegiu-hi els trossos d'ànec marinats i deixeu-ho coure a foc lent durant 40 minuts, remenant de tant en tant. Deixar de banda.
- Escalfeu oli de coco en una paella. Afegiu-hi la ceba i fregiu-la a foc mitjà fins que estigui daurada.
- Afegiu la llet de coco. Cuini la barreja durant 2 minuts, remenant sovint.
- Retirar del foc i afegir aquesta barreja a l'ànec cuit. Barrejar bé i coure a foc lent durant 5-10 minuts.
- Decorar amb patates fregides. Servir calent.

Pollastre Dil Bahar

(Pollastre a la Crema)

Serveis 4

Ingredients

4-5 cullerades d'oli vegetal refinat

2 fulles de llorer

5 cm/2 en canyella

3 càpsules de cardamom verd

4 claus

2 cebes grans ben picades

1 culleradeta de pasta de gingebre

1 culleradeta de pasta d'all

2 culleradetes de comí mòlt

2 culleradetes de coriandre mòlt

½ culleradeta de cúrcuma

4 pebrots verds, tallats al llarg

750 g/1lb 10 oz de pollastre desossat, tallat en 16 trossos

50 g/1¾ oz de ceba tendra, tallada finament

1 pebrot verd gran, picat finament

1 culleradeta de garam masala

Afegiu sal al gust

150 g/5½ oz de puré de tomàquet

125 g/4½ oz de iogurt

250 ml/8 fl oz d'aigua

2 cullerades de mantega

85 g/3 oz d'anacards

500 ml/16 fl oz de llet condensada

250 ml/8 fl oz de cremes individuals

1 cullerada de fulles de coriandre, ben picades

mètode

- Escalfeu l'oli en una cassola. Afegiu fulles de llorer, canyella, cardamom i clau. Deixeu-los ruixar durant 30 segons.
- Afegiu la ceba, la pasta de gingebre i la pasta d'all. Fregiu aquesta barreja a foc mitjà fins que la ceba estigui daurada.
- Afegiu el comí mòlt, el coriandre mòlt, la cúrcuma i els bitxos verds. Fregiu la barreja durant 2-3 minuts.
- Afegiu els trossos de pollastre. Barrejar bé. Fregiu-los durant 5 minuts.
- Afegiu la ceba tendra, el pebrot verd, el garam masala i la sal. Continueu fregint durant 3-4 minuts.
- Afegiu-hi el puré de tomàquet, el iogurt i l'aigua. Barrejar bé i tapar amb una tapa. Cuini la barreja a foc lent durant 30 minuts, remenant de tant en tant.

- Mentre es cuina la barreja de pollastre, escalfeu la mantega en una altra paella. Afegiu-hi els anacards i fregiu-los a foc mitjà fins que estiguin daurats. Deixar de banda.
- Afegiu la llet condensada i la nata a la barreja de pollastre. Barregeu bé i continueu cuinant a foc lent durant 5 minuts.
- Afegiu la mantega amb els anacards rostits i barregeu-ho bé durant 2 minuts.
- Decoreu amb fulles de coriandre. Servir calent.

Estúpid per Murgh

(pollastre cuit llargament)

Serveis 4

Ingredients

4 cullerades d'oli vegetal refinat més extra per fregir

3 cebes grans, tallades a rodanxes

10 ametlles

10 anacards

1 cullerada de coco dessecat

1 culleradeta de pasta de gingebre

1 culleradeta de pasta d'all

½ culleradeta de cúrcuma

1 culleradeta de xili en pols

Afegiu sal al gust

200 g/7 oz de iogurt

1 kg/2¼ lliures de pollastre, picat finament

1 cullerada de fulles de coriandre, tallades a trossets

1 cullerada de fulles de menta, tallades a trossets

½ culleradeta de safrà

mètode

- Escalfar oli per fregir. Afegiu-hi la ceba i fregiu-la a foc mitjà fins que estigui daurada. Escórrer i reservar.
- Barrejar ametlles, anacards i coco. Coure la barreja seca. Tritureu amb aigua suficient per fer una pasta llisa.
- Escalfeu 4 cullerades d'oli en una paella. Afegiu la pasta de gingebre, la pasta d'all, la cúrcuma i el xili en pols. Fregir a foc mitjà durant 1-2 minuts.
- Afegiu-hi la pasta d'ametlla i anacard, la ceba fregida, la sal i el iogurt. Coure durant 4-5 minuts.

- Col·loqueu en una forma apta per al forn. Afegiu el pollastre, el coriandre i les fulles de menta. Barrejar bé.
- Espolvorear el safrà per sobre. Tanqueu amb paper d'alumini i cobreixi bé amb una tapa. Coure al forn a 180 °C (350 °F, marca de gas 4) durant 40 minuts.
- Servir calent.

Murgh Kheema Masala

(pollastre picant finament picat)

Serveis 4

Ingredients

60 ml/2 fl oz d'oli vegetal refinat

5 cm/2 en canyella

4 claus

2 càpsules de cardamom verd

½ culleradeta de comí

2 cebes grans ben picades

1 culleradeta de coriandre mòlt

½ culleradeta de comí mòlt

½ culleradeta de cúrcuma

1 culleradeta de xili en pols

2 culleradetes de pasta de gingebre

3 culleradetes de pasta d'all

3 tomàquets, ben picats

200 g/7 oz de pèsols congelats

1 kg/2¼ lliures de pollastre mòlt

75 g/2½ oz d'anacards, mòlts

125 g/4½ oz de iogurt

250 ml/8 fl oz d'aigua

Afegiu sal al gust

4 cullerades de nata única

25 g/petites fulles de coriandre d'1 oz, ben picades

mètode

- Escalfeu l'oli en una cassola. Afegiu-hi canyella, clau, cardamom i comí. Deixeu-los ruixar durant 15 segons.
- Afegiu la ceba, el coriandre mòlt, el comí mòlt, la cúrcuma i el bitxo en pols. Fregir a foc mitjà durant 1-2 minuts.
- Afegiu la pasta de gingebre i la pasta d'all. Continueu fregint durant un minut.
- Afegiu els tomàquets, els pèsols i el pollastre mòlt. Barrejar bé. Cuini aquesta barreja a foc lent durant 10-15 minuts, remenant de tant en tant.
- Afegiu el iogurt, l'aigua i la sal. Barrejar bé. Cobrir amb una tapa i coure a foc lent durant 20-25 minuts.
- Decoreu amb nata i fulles de coriandre. Servir calent.

Pollastre farcit de Nawabi

Serveis 4

Ingredients

200 g/7 oz de iogurt

2 cullerades de suc de llimona

½ culleradeta de cúrcuma

Afegiu sal al gust

1 kg/2¼ lliures de pollastre

100 g/3½ oz de pa ratllat

Per al farcit:

120 ml/4 fl oz d'oli vegetal refinat

1½ culleradetes de pasta de gingebre

1½ culleradetes de pasta d'all

2 cebes grans ben picades

2 pebrots verds, ben picats

½ culleradeta de xili en pols

1 ventresca de pollastre, picada

1 fetge de pollastre, picat

200 g/7 oz de pèsols

2 pastanagues, tallades a daus

50 g/1¾ oz de fulles de coriandre, ben picades

2 cullerades de fulles de menta, ben picades

½ culleradeta de pebre negre mòlt

½ culleradeta de garam masala

20 anacards, picats

20 panses

mètode

- Barregeu el iogurt amb el suc de llimona, la cúrcuma i la sal fins que quedi espumós. Marinar el pollastre en aquesta barreja durant 1-2 hores.
- Per al farcit, escalfeu l'oli en una cassola. Afegiu-hi la pasta de gingebre, la pasta d'all i la ceba i fregiu-les a foc mitjà durant 1-2 minuts.
- Afegiu el xile verd, el xili en pols, l'estómac de pollastre i el fetge de pollastre. Barrejar bé. Fregir durant 3-4 minuts.
- Afegiu pèsols, pastanagues, fulles de coriandre, fulles de menta, pebre, garam masala, anacards i panses. Barrejar durant 2 minuts. Tapeu amb una tapa i deixeu-ho coure a foc lent durant 20 minuts, remenant de tant en tant.
- Retirar del foc i deixar refredar.
- Farcim el pollastre marinat amb aquesta barreja.
- Enrotlleu el pollastre farcit amb pa ratllat i coure al forn preescalfat a 200 °C (400 °F, marca de gas 6) durant 50 minuts.
- Servir calent.

Murgh ke Nazare

(Pollastre amb formatge cheddar i paneer)

Serveis 4

Ingredients

Afegiu sal al gust

½ cullerada de pasta de gingebre

½ cullerada de pasta d'all

El suc d'1 llimona

Trossos de pollastre desossats de 750 g/1lb 10 oz, aplanats

Paneer 75 g/2½ oz*, esquinçat

250 g de pollastre ben picat

75 g/2½ oz de formatge cheddar, ratllat

1 culleradeta de coriandre mòlt

½ culleradeta de garam masala

½ culleradeta de cúrcuma

125 g/4½ oz de khoya*

1 culleradeta de xili en pols

2 ous, bullits i picats finament

3 tomàquets, ben picats

2 pebrots verds, ben picats

2 cebes grans ben picades

2 cullerades de fulles de coriandre picades

½ culleradeta de gingebre en pols

Per a la salsa:

4 cullerades d'oli vegetal refinat

½ cullerada de pasta de gingebre

½ cullerada de pasta d'all

2 cebes grans, picades

2 pebrots verds, ben picats

½ culleradeta de cúrcuma

1 culleradeta de coriandre mòlt

½ culleradeta de pebre blanc mòlt

½ culleradeta de comí mòlt

½ culleradeta de gingebre sec en pols

200 g/7 oz de iogurt

4 anacards, mòlts

4 ametlles, mòltes

125 g/4½ oz de khoya*

mètode

- Barrejar la sal, la pasta de gingebre, la pasta d'all i el suc de llimona. Marinar el pollastre en aquesta barreja durant 1 hora. Deixar de banda.
- Barregeu paneer amb pollastre mòlt, formatge, coriandre mòlt, garam masala, cúrcuma i khoya.
- Cobreix el pollastre marinat amb aquesta barreja. Espolseu-hi xili en pols, ou, tomàquets, xili verd, ceba, fulles de coriandre i gingebre. Enrotlleu el pollastre com un paper d'alumini i lligueu-lo fort amb un cordó.
- Coure al forn a 200 °C (400 °F, marca de gas 6) durant 30 minuts. Deixar de banda.
- Per a la salsa, escalfeu l'oli en una paella. Afegiu la pasta de gingebre, la pasta d'all, la ceba i el pebrot verd. Fregiu-los a foc mitjà durant 2-3 minuts. Afegiu la resta dels ingredients de la salsa. Coure durant 7-8 minuts.
- Talleu el rotllo de pollastre a trossos petits i poseu-los en un plat de servir. Aboqueu-hi la salsa. Servir calent.

Murgh Pasanda

(trossos de pollastre picant)

Serveis 4

Ingredients

1 culleradeta de cúrcuma

30 g/1 oz de fulles de coriandre, picades

1 culleradeta de xili en pols

10 g/¼ oz de fulles de menta, ben picades

1 culleradeta de garam masala

5 cm/2 en trossos de papaia crua, tallada

1 culleradeta de pasta de gingebre

1 culleradeta de pasta d'all

Afegiu sal al gust

750 g/1lb 10 oz de pit de pollastre, a rodanxes fines

6 cullerades d'oli vegetal refinat

mètode

- Barregeu tots els ingredients excepte el pollastre i l'oli. Marinar els trossos de pollastre en aquesta barreja durant 3 hores.
- Escalfeu l'oli en una paella. Afegiu-hi les rodanxes de pollastre marinades i fregiu-les a foc mitjà fins que estiguin daurades, girant-les de tant en tant. Servir calent.

Murgh Masala

(Pollastre masala)

Serveis 4

Ingredients

4 cullerades d'oli vegetal refinat

2 cebes grans, ratllades

1 tomàquet, picat finament

Afegiu sal al gust

1 kg/2¼ lb de pollastre, tallat en 8 trossos

360 ml/12 fl oz d'aigua

360 ml/12 fl oz de llet de coco

Per a la barreja d'espècies:

2 cullerades de garam masala

1 culleradeta de comí

1½ culleradetes de llavors de rosella

4 xiles vermells

½ culleradeta de cúrcuma

8 grans d'all

Arrel de gingebre de 2,5 cm/1 polzada

mètode

- Tritureu la barreja d'espècies amb aigua suficient per fer una pasta llisa. Deixar de banda.
- Escalfeu l'oli en una cassola. Afegiu-hi la ceba i fregiu-la a foc mitjà fins que estigui daurada. Afegiu la barreja d'espècies i fregiu durant 5-6 minuts.
- Afegiu el tomàquet, la sal, el pollastre i l'aigua. Cobrir amb una tapa i coure a foc lent durant 20 minuts. Afegiu-hi la llet de coco, barregeu-ho bé i serviu calent.

Crema de pollastre Bohri

(Pollastre amb salsa cremosa)

Serveis 4

Ingredients

3 cebes grans

Arrel de gingebre de 2,5 cm/1 polzada

8 grans d'all

6 pebrots verds

100 g/3½ oz de fulles de coriandre, ben picades

3 cullerades de fulles de menta, ben picades

120 ml d'aigua

1 kg/2¼ lb de pollastre, tallat en 8 trossos

2 cullerades de suc de llimona

1 culleradeta de pebre negre mòlt

250 ml/8 fl oz de cremes individuals

30 g/1 oz de mantega

Afegiu sal al gust

mètode

- Barrejar ceba, gingebre, all, pebrot verd, fulles de coriandre i fulles de menta. Tritureu aquesta barreja amb aigua per fer una pasta fina.
- Marinar el pollastre amb la meitat d'aquesta pasta i el suc de llimona durant 1 hora.
- Poseu el pollastre marinat a l'olla i cobriu-lo amb la pasta restant. Espolseu els ingredients restants per sobre d'aquesta barreja.
- Tanqueu amb paper d'alumini, tapeu bé amb una tapa i deixeu-ho coure a foc lent durant 45 minuts. Servir calent.

Jhatpat Murgh

(Pollastre ràpid)

Serveis 4

Ingredients

4 cullerades d'oli vegetal refinat

2 cebes grans, tallades a rodanxes fines

2 culleradetes de pasta de gingebre

Afegiu sal al gust

1 kg/2¼ lliures de pollastre, tallat en 12 trossos

¼ de culleradeta de safrà, dissolt en 2 cullerades de llet

mètode

- Escalfeu l'oli en una cassola. Afegiu la pasta de ceba i gingebre. Fregiu-los a foc mitjà durant 2 minuts.
- Afegiu sal i pollastre. Coure a foc lent durant 30 minuts, remenant sovint. Espolseu per sobre la barreja de safrà. Servir calent.

Curry de pollastre verd

Serveis 4

Ingredients

Afegiu sal al gust

Un polsim de cúrcuma

El suc d'1 llimona

1 kg/2¼ lliures de pollastre, tallat en 12 trossos

Arrel de gingebre de 3,5 cm

8 grans d'all

100 g/3½ oz de fulles de coriandre, picades

3 pebrots verds

4 cullerades d'oli vegetal refinat

2 cebes grans, ratllades

½ culleradeta de garam masala

250 ml/8 fl oz d'aigua

mètode

- Barrejar la sal, la cúrcuma i el suc de llimona. Marinar el pollastre en aquesta barreja durant 30 minuts.
- Tritureu el gingebre, l'all, les fulles de coriandre i el bitxo fins a obtenir una pasta suau.
- Escalfeu l'oli en una cassola. Afegiu la pasta juntament amb la ceba ratllada i sofregiu-ho a foc mitjà durant 2-3 minuts.
- Afegiu el pollastre marinat, el garam masala i l'aigua. Barrejar bé i coure durant 40 minuts, remenant sovint. Servir calent.

Murgh Bharta

(pollastre a l'estofat amb ou)

Serveis 4

Ingredients

4 cullerades d'oli vegetal refinat

2 cebes grans, tallades a rodanxes fines

500 g/1lb 2 oz de pollastre desossat, tallat a daus

1 culleradeta de garam masala

½ culleradeta de cúrcuma

Afegiu sal al gust

3 tomàquets, a rodanxes fines

30 g/1 oz de fulles de coriandre, picades

4 ous durs, tallats a la meitat

mètode

- Escalfeu l'oli en una cassola. Sofregiu la ceba a foc mitjà fins que estigui daurada. Afegiu el pollastre, el garam masala, la cúrcuma i la sal. Fregir durant 5 minuts.
- Afegiu-hi els tomàquets. Barrejar bé i coure a foc lent durant 30-40 minuts. Decoreu amb fulles de coriandre i ou. Servir calent.

Pollastre amb llavors d'Ajowan

Serveis 4

Ingredients

3 cullerades d'oli vegetal refinat

1½ culleradeta de llavors d'ajowan

2 cebes grans ben picades

1 culleradeta de pasta de gingebre

1 culleradeta de pasta d'all

4 tomàquets, ben picats

2 culleradetes de coriandre mòlt

1 culleradeta de xili en pols

1 culleradeta de cúrcuma

1 kg/2¼ lb de pollastre, tallat en 8 trossos

250 ml/8 fl oz d'aigua

El suc d'1 llimona

1 culleradeta de garam masala

Afegiu sal al gust

mètode

- Escalfeu l'oli en una cassola. Afegiu llavors d'ajowan. Deixeu-los ruixar durant 15 segons.
- Afegiu-hi la ceba i fregiu-la a foc mitjà fins que estigui daurada. Afegiu-hi el gingebre, l'all i el puré de tomàquet. Fregir durant 3 minuts, remenant de tant en tant.
- Afegiu tots els ingredients restants. Barrejar bé i tapar amb una tapa. Coure durant 40 minuts i serviu calent.

Tikka de pollastre amb espinacs

Serveis 4

Ingredients

1 kg/2¼ lb de pollastre desossat, tallat en 16 trossos

2 cullerades de ghee

1 culleradeta de chaat masala*

2 cullerades de suc de llimona

Per a la marinada:

100 g/3½ oz d'espinacs, picats

50 g/1¾ oz de fulles de coriandre, mòltes

1 culleradeta de pasta de gingebre

1 culleradeta de pasta d'all

200 g/7 oz de iogurt

1½ culleradeta de garam masala

mètode

- Barregeu tots els ingredients per a la marinada. Marinar el pollastre en aquesta barreja durant 2 hores.
- Pinteu el pollastre amb ghee i coeu-lo al forn a 200 °C (400 °F, marca de gas 6) durant 45 minuts. Espolvorear amb chaat masala i suc de llimona. Servir calent.

Pollastre Yakhni

(Pollastre a l'estil Caixmir)

Serveis 4

Ingredients

3 cullerades d'oli vegetal refinat

1 kg/2¼ lb de pollastre, tallat en 8 trossos

400 g/14 oz de iogurt

125 g/4½ oz de besana*

2 claus

2,5 cm/1 en canyella

6 grans de pebre

1 culleradeta de gingebre mòlt

2 culleradetes de fonoll mòlt

Afegiu sal al gust

250 ml/8 fl oz d'aigua

50 g/1¾ oz de fulles de coriandre, picades

mètode

- Escalfeu la meitat de l'oli en una cassola. Afegiu-hi els trossos de pollastre i fregiu-los a foc mitjà fins que estiguin daurats. Deixar de banda.
- Bateu el iogurt amb besan fins a obtenir una pasta espessa. Deixar de banda.
- Escalfeu l'oli restant en una paella. Afegiu-hi els claus, la canyella, els grans de pebre, el gingebre mòlt, el fonoll mòlt i la sal. Fregir durant 4-5 minuts.
- Afegiu el pollastre fregit, l'aigua i la massa de iogurt. Barrejar bé i coure a foc lent durant 40 minuts. Decoreu amb fulles de coriandre. Servir calent.

Chili de pollastre

Serveis 4

Ingredients

3 cullerades d'oli vegetal refinat

4 pebrots verds, ben picats

1 culleradeta de pasta de gingebre

1 culleradeta de pasta d'all

3 cebes grans, tallades a rodanxes

250 ml/8 fl oz d'aigua

750 g/1lb 10 oz de pollastre desossat, picat

2 pebrots verds grans, ben picats

2 cullerades de salsa de soja

30 g/1 oz de fulles de coriandre, picades

Afegiu sal al gust

mètode

- Escalfeu l'oli en una cassola. Afegiu pebrot verd, pasta de gingebre, pasta d'all i ceba. Fregir a foc mitjà durant 3-4 minuts.
- Afegiu aigua i pollastre. Cuini a foc lent durant 20 minuts.

- Afegiu-hi tots els ingredients restants i deixeu-ho coure durant 20 minuts. Servir calent.

Pollastre amb pebre vermell

Serveis 4

Ingredients

4 cullerades d'oli vegetal refinat

3 cebes grans ben picades

6 grans d'all, ben picats

1 kg/2¼ lliures de pollastre, tallat en 12 trossos

3 culleradetes de coriandre mòlt

2 ½ culleradetes de pebre negre recent mòlt

½ culleradeta de cúrcuma

Afegiu sal al gust

250 ml/8 fl oz d'aigua

El suc d'1 llimona

50 g/1¾ oz de fulles de coriandre, picades

mètode

- Escalfeu l'oli en una cassola. Afegiu la ceba i l'all i sofregiu-los a foc mitjà fins que estiguin daurats.
- Afegiu el pollastre. Fregir durant 5 minuts, remenant sovint.
- Afegiu-hi el coriandre mòlt, el pebre, la cúrcuma i la sal. Fregir durant 3-4 minuts.

- Aboqueu aigua, barregeu bé i cobreixi amb una tapa. Cuini a foc lent durant 40 minuts.
- Decoreu amb suc de llimona i fulles de coriandre. Servir calent.

Pollastre amb figues

Serveis 4

Ingredients

4 cullerades d'oli vegetal refinat

2 cebes grans ben picades

1 culleradeta de pasta de gingebre

1 culleradeta de pasta d'all

1 kg/2¼ lliures de pollastre, tallat en 12 trossos

250 ml d'aigua tèbia

200 g/7 oz de puré de tomàquet

Afegiu sal al gust

2 culleradetes de vinagre de malta

12 figues seques, remullades durant 2 hores

mètode

- Escalfeu l'oli en una paella. Afegiu les cebes. Fregiu-los a foc mitjà fins que quedin translúcids. Afegiu la pasta de gingebre i la pasta d'all. Fregir durant 2-3 minuts.
- Afegiu el pollastre i l'aigua. Cobrir amb una tapa i coure a foc lent durant 30 minuts.
- Afegiu-hi el puré de tomàquet, la sal i el vinagre. Barrejar bé. Escorreu les figues i afegiu-les a la barreja

de pollastre. Cuini a foc lent durant 8-10 minuts. Servir calent.

Xai picant amb iogurt i safrà

Serveis 4

Ingredients

5 cullerades de ghee

1 culleradeta de pasta de gingebre

1 culleradeta de pasta d'all

675 g/1½ lb de xai desossat, tallat a trossos de 3,5 cm/1½ polzada

Afegiu sal al gust

750 ml/1¼ litres d'aigua

4 cebes grans, tallades a rodanxes

1 culleradeta de xili en pols

1 culleradeta de garam masala

1 cullerada de sucre moreno, dissolta en 2 cullerades d'aigua

3 pebrots verds, tallats al llarg

30 g/1 oz d'ametlla mòlta

400 g/14 oz de iogurt grec batut

10 g/¼ oz de fulles de coriandre, ben picades

½ culleradeta de safrà, dissolta en 2 cullerades de llet

mètode

- Escalfeu la meitat del ghee en una cassola. Afegiu la pasta de gingebre i la pasta d'all. Fregir a foc mitjà durant 1-2 minuts.

- Afegiu el xai i la sal. Fregir durant 5-6 minuts.

- Afegir aigua i barrejar bé. Tapeu i cuini a foc lent durant 40 minuts, remenant de tant en tant. Deixar de banda.

- Escalfeu el ghee restant en un altre recipient. Afegiu la ceba i deixeu-ho coure a foc mitjà fins que estigui translúcid.

- Afegiu el xile en pols, el garam masala, l'aigua amb sucre, el xili verd i les ametlles mòltes. Continueu fregint durant un minut.

- Afegiu el iogurt i barregeu-ho bé. Cuini la barreja durant 6-7 minuts, remenant bé.

- Afegiu aquesta barreja a la barreja de xai. Barrejar bé. Tapa i deixa coure a foc lent durant 5 minuts, remenant de tant en tant.

- Decoreu amb fulles de coriandre i safrà. Servir calent.

Xai amb verdures

Serveis 4

Ingredients

675 g/1½ lliure de xai, tallat a trossos de 2,5 cm/1 polzada

Afegiu sal al gust

½ culleradeta de pebre negre mòlt

5 cullerades d'oli vegetal refinat

2 fulles de llorer

4 càpsules de cardamom verd

4 claus

2,5 cm/1 en canyella

2 cebes grans ben picades

1 culleradeta de cúrcuma

1 cullerada de comí mòlt

1 culleradeta de xili en pols

1 culleradeta de pasta de gingebre

1 culleradeta de pasta d'all

2 tomàquets, ben picats

200 g/7 oz de pèsols

1 cullerada de llavors de fenogrec

200 g/7 oz de floretes de coliflor

500 ml/16 fl oz d'aigua

200 g/7 oz de iogurt

10 g/¼ oz de fulles de coriandre, ben picades

mètode

- Marinar el xai amb sal i pebre durant 30 minuts.

- Escalfeu l'oli en una cassola. Afegiu fulles de llorer, cardamom, clau i canyella. Deixeu-los ruixar durant 30 segons.

- Afegiu la ceba, la cúrcuma, el comí mòlt, el xili en pols, la pasta de gingebre i la pasta d'all. Fregiu-los a foc mitjà durant 1-2 minuts.

- Afegiu-hi el xai marinat i deixeu-ho coure durant 6-7 minuts, remenant de tant en tant.

- Afegiu tomàquets, pèsols, llavors de fenigrec i flors de coliflor. Cuini a foc lent durant 3-4 minuts.

- Afegir aigua i barrejar bé. Cobrir amb una tapa i coure a foc lent durant 20 minuts.

- Obriu la paella i afegiu-hi el iogurt. Remeneu bé durant un minut, torneu a tapar i deixeu-ho coure durant 30 minuts, remenant de tant en tant.

- Decoreu amb fulles de coriandre. Servir calent.

Curry de vedella amb patates

Serveis 4

Ingredients

6 grans de pebre negre

3 claus

2 beines de cardamom negre

2,5 cm/1 en canyella

1 culleradeta de comí

4 cullerades d'oli vegetal refinat

3 cebes grans ben picades

¼ de culleradeta de cúrcuma

1 culleradeta de xili en pols

1 culleradeta de pasta de gingebre

1 culleradeta de pasta d'all

750 g/1lb 10 oz de vedella mòlta

2 tomàquets, ben picats

3 patates grans, tallades a daus

½ culleradeta de garam masala

1 cullerada de suc de llimona

Afegiu sal al gust

1 litre/1¾ pinta d'aigua

1 cullerada de fulles de coriandre, ben picades

mètode

- Tritureu grans de pebre, clau, cardamom, canyella i comí en una pols fina. Deixar de banda.

- Escalfeu l'oli en una cassola. Afegiu-hi la ceba i fregiu-la a foc mitjà fins que estigui daurada.

- Afegiu els grans de pebre mòlt i el clau en pols, la cúrcuma, el xili en pols, la pasta de gingebre i la pasta d'all. Fregir durant un minut.

- Afegiu la carn picada i deixeu-ho coure a foc lent durant 5-6 minuts.

- Afegiu els tomàquets, les patates i el garam masala. Barrejar bé i coure durant 5-6 minuts.

- Afegiu el suc de llimona, la sal i l'aigua. Tapa i cuini a foc lent durant 45 minuts, remenant de tant en tant.

- Decoreu amb fulles de coriandre. Servir calent.

Masala de xai picant

Serveis 4

Ingredients

675 g/1½ lb de xai, tallat a daus

3 cebes grans, tallades a rodanxes

750 ml/1¼ litres d'aigua

Afegiu sal al gust

4 cullerades d'oli vegetal refinat

4 fulles de llorer

¼ culleradeta de comí

¼ de culleradeta de llavors de mostassa

1 culleradeta de pasta de gingebre

1 culleradeta de pasta d'all

2 pebrots verds, ben picats

1 cullerada de cacauets mòlts

1 cullerada de chana dhal*, rostit en sec i mòlt

1 culleradeta de xili en pols

¼ de culleradeta de cúrcuma

1 culleradeta de garam masala

El suc d'1 llimona

50 g/1¾ oz de fulles de coriandre, ben picades

mètode

- Barrejar el xai amb la ceba, l'aigua i la sal. Cuini aquesta barreja en una cassola a foc mitjà durant 40 minuts. Deixar de banda.

- Escalfeu l'oli en una cassola. Afegiu fulles de llorer, comí i llavors de mostassa. Deixeu-los ruixar durant 30 segons.

- Afegiu la pasta de gingebre, la pasta d'all i el pebrot verd. Fregiu-los a foc mitjà durant un minut, remenant constantment.

- Afegiu cacauets mòlts, chana dhal, xili en pols, cúrcuma i garam masala. Continueu fregint durant 1-2 minuts.

- Afegiu la barreja de xai. Barrejar bé. Tapa i cuini a foc lent durant 45 minuts, remenant de tant en tant.

- Espolvorear amb suc de llimona i fulles de coriandre i servir calent.

Rogan Josh

(Curry de xai de Caixmir)

Serveis 4

Ingredients

El suc d'1 llimona

200 g/7 oz de iogurt

Afegiu sal al gust

750 g/1lb 10 oz de xai, tallat a trossos de 2,5 cm/1 polzada

75 g/2½ oz de ghee més fregidora

2 cebes grans, tallades a rodanxes fines

2,5 cm/1 en canyella

3 claus

4 càpsules de cardamom verd

1 culleradeta de pasta de gingebre

1 culleradeta de pasta d'all

1 culleradeta de coriandre mòlt

1 culleradeta de comí mòlt

3 tomàquets grans, ben picats

750 ml/1¼ litres d'aigua

10 g/¼ oz de fulles de coriandre, ben picades

mètode

- Barrejar el suc de llimona, el iogurt i la sal. Marinar el xai en aquesta barreja durant una hora.

- Escalfeu el ghee per fregir en una paella. Afegiu-hi la ceba i fregiu-la a foc mitjà fins que estigui daurada. Escórrer i reservar.

- Escalfeu el ghee restant en una cassola. Afegiu-hi canyella, clau i cardamom. Deixeu-los ruixar durant 15 segons.

- Afegiu-hi el xai marinat i fregiu-ho a foc mitjà durant 6-7 minuts.

- Afegiu la pasta de gingebre i la pasta d'all. Cuini a foc lent durant 2 minuts.

- Afegiu-hi el coriandre mòlt, el comí mòlt i els tomàquets, barregeu-ho bé i deixeu-ho coure un minut més.

- Afegiu aigua. Tapeu i cuini a foc lent durant 40 minuts, remenant de tant en tant.

- Decoreu amb fulles de coriandre i ceba fregida. Servir calent.

Costelles a la planxa

Serveis 4

Ingredients

6 pebrots verds

5 cm/2 en arrel de gingebre

15 grans d'all

¼ papaia petita crua, mòlta

200 g/7 oz de iogurt

2 cullerades d'oli vegetal refinat

2 cullerades de suc de llimona

Afegiu sal al gust

750 g/1lb de costelles de 10 oz, tallades en 4 trossos

mètode

- Tritureu els xiles verds, el gingebre, l'all i la papaia crua amb aigua suficient per fer una pasta espessa.

- Barregeu aquesta pasta amb la resta d'ingredients, excepte les costelles. Marinar les costelles en aquesta barreja durant 4 hores.

- Grill les costelles marinades durant 40 minuts, girant-les de tant en tant. Servir calent.

Carn de vedella amb llet de coco

Serveis 4

Ingredients

  5 cullerades d'oli vegetal refinat

  675 g/1½ lliure de vedella, tallada a tires de 5 cm/2 polzades

  3 cebes grans ben picades

  8 grans d'all, ben picats

  Arrel de gingebre de 2,5 cm/1 polzada, tallada finament

  2 pebrots verds, tallats al llarg

  2 culleradetes de coriandre mòlt

  2 culleradetes de comí mòlt

  2,5 cm/1 en canyella

  Afegiu sal al gust

  500 ml/16 fl oz d'aigua

  500 ml/16 fl oz de llet de coco

mètode

- Escalfeu 3 cullerades d'oli en una paella. Afegiu les tires de vedella per lots i fregiu-les a foc lent durant 12-15 minuts, girant-les de tant en tant. Escórrer i reservar.

- Escalfeu l'oli restant en una paella. Afegiu la ceba, l'all, el gingebre i els xilis verds. Fregir a foc mitjà durant 2-3 minuts.

- Afegiu-hi les tires de bistec fregit, el coriandre mòlt, el comí mòlt, la canyella, la sal i l'aigua. Cuini a foc lent durant 40 minuts.

- Afegiu la llet de coco. Cuini durant 20 minuts, remenant sovint. Servir calent.

Kebab de porc

Serveis 4

Ingredients

100 ml/3½ fl oz d'oli de mostassa

3 cullerades de suc de llimona

1 ceba petita, picada finament

2 culleradetes de pasta d'all

1 culleradeta de mostassa en pols

1 culleradeta de pebre negre mòlt

Afegiu sal al gust

600 g de carn de porc desossada, tallada a trossos de 3,5 cm

mètode

- Barregeu tots els ingredients, excepte la carn de porc. Marinar la carn de porc durant la nit en aquesta barreja.

- Broqueu la carn de porc marinada i grill durant 30 minuts. Servir calent.

Steak Chili Fry

Serveis 4

Ingredients

750 g / 1 lb 10 oz de vedella, tallada a trossos de 2,5 cm / 1 polzada

6 grans de pebre negre

3 cebes grans, tallades a rodanxes

1 litre/1¾ pinta d'aigua

Afegiu sal al gust

4 cullerades d'oli vegetal refinat

Arrel de gingebre de 2,5 cm/1 polzada, tallada finament

8 grans d'all, ben picats

4 pebrots verds

1 cullerada de suc de llimona

50 g/1¾ oz de fulles de coriandre

mètode

- Barregeu la vedella amb grans de pebre, 1 ceba, aigua i sal. Cuini aquesta barreja en una cassola a foc mitjà durant 40 minuts. Escórrer i reservar. Reserva de subministraments.

- Escalfeu l'oli en una cassola. Sofregiu la ceba restant a foc mitjà fins que estigui daurada. Afegiu-hi el gingebre, l'all i els xilis verds. Fregir durant 4-5 minuts.

- Afegiu el suc de llimona i la barreja de carn. Continueu la cocció durant 7-8 minuts. Afegeix l'inventari reservat.

- Tapeu i cuini a foc lent durant 40 minuts, remenant de tant en tant. Afegiu les fulles de coriandre i barregeu-ho bé. Servir calent.

Ous de vedella escocesa

Serveis 4

Ingredients

500 g/1lb 2 oz de vedella mòlta

Afegiu sal al gust

1 litre/1¾ pinta d'aigua

3 cullerades de besan*

1 ou, batut

25 g/petites fulles de menta d'1 oz, tallades finament

25 g/petites fulles de coriandre d'1 oz, picades

8 ous durs

Oli vegetal refinat per fregir

mètode

- Barrejar la carn amb sal i aigua. Coure en una cassola a foc lent durant 45 minuts. Tritureu-la en una pasta i barregeu-la amb besan, ou batut, menta i fulles de coriandre. Emboliqui aquesta barreja al voltant dels ous bullits.
- Escalfeu l'oli en una paella. Afegiu-hi els ous batuts i fregiu-los a foc mitjà fins que estiguin daurats. Servir calent.

Carn Seca Estil Malabar

Serveis 4

Ingredients

675 g/1½ lb de vedella, tallada a daus

4 cullerades d'oli vegetal refinat

3 cebes grans, tallades a rodanxes

1 tomàquet, picat finament

100 g/3½ oz de coco dessecat

1 culleradeta de xili en pols

1 culleradeta de garam masala

1 culleradeta de coriandre mòlt

1 culleradeta de comí mòlt

Afegiu sal al gust

1 litre/1¾ pinta d'aigua

Per a la barreja d'espècies:

Arrel de gingebre de 3,5 cm

6 pebrots verds

1 cullerada de coriandre mòlt

10 fulles de curri

1 cullerada de pasta d'all

mètode

- Tritureu tots els ingredients de la barreja d'espècies en una pasta espessa. Marinar la vedella en aquesta barreja durant una hora.
- Escalfeu l'oli en una cassola. Sofregiu la ceba a foc mitjà fins que estigui daurada. Afegiu la carn i sofregiu durant 6-7 minuts.
- Afegiu la resta dels ingredients. Coure durant 40 minuts i serviu calent.

Costelles de xai Moghlai

Serveis 4

Ingredients

5 cm/2 en arrel de gingebre

8 grans d'all

6 xiles vermells secs

2 culleradetes de suc de llimona

Afegiu sal al gust

8 costelles de xai batuts i aplanats

150 g/5½ oz de mantega

2 patates grans, tallades a rodanxes i fregides

2 cebes grans

mètode

- Tritureu el gingebre, l'all i els bitxos vermells amb suc de llimona, sal i aigua suficient per fer una pasta llisa. Marinar les costelles en aquesta barreja durant 4-5 hores.
- Escalfeu el ghee en una paella. Afegiu-hi les costelles marinades i fregiu-les a foc mitjà durant 8-10 minuts.
- Afegiu les cebes i les patates fregides. Coure durant 15 minuts. Servir calent.

Carn de vedella amb okra

Serveis 4

Ingredients

4½ cullerades d'oli vegetal refinat

200 g/7 oz d'okra

2 cebes grans ben picades

Arrel de gingebre de 2,5 cm/1 polzada, tallada finament

4 grans d'all, ben picats

750 g / 1 lb 10 oz de vedella, tallada a trossos de 2,5 cm / 1 polzada

4 xiles vermells secs

1 cullerada de coriandre mòlt

½ cullerada de comí mòlt

1 culleradeta de garam masala

2 tomàquets, ben picats

Afegiu sal al gust

1 litre/1¾ pinta d'aigua

mètode

- Escalfeu 2 cullerades d'oli en una paella. Afegiu okra i fregiu a foc mitjà fins que quedi cruixent i daurat. Escórrer i reservar.
- Escalfeu l'oli restant en una paella. Sofregiu la ceba a foc mitjà fins que estigui translúcid. Afegiu-hi el gingebre i l'all. Fregir durant un minut.
- Afegiu la carn de vedella. Fregir durant 5-6 minuts. Afegiu tots els ingredients restants i okra. Coure durant 40 minuts, remenant sovint. Servir calent.

Bufet de vedella

(carn de vedella cuita amb coco i vinagre)

Serveis 4

Ingredients

675 g/1½ lb de vedella, tallada a daus

Afegiu sal al gust

1 litre/1¾ pinta d'aigua

1 culleradeta de cúrcuma

½ culleradeta de pebre negre en gra

½ culleradeta de comí

5-6 claus

2,5 cm/1 en canyella

12 grans d'all, ben picats

Arrel de gingebre de 2,5 cm/1 polzada, tallada finament

100 g/3½ oz de coco fresc, ratllat

6 cullerades de vinagre de malta

5 cullerades d'oli vegetal refinat

2 cebes grans ben picades

mètode

- Barregeu la vedella amb sal i aigua i deixeu-ho coure en una olla a foc mitjà durant 45 minuts, remenant de tant en tant. Deixar de banda.
- Tritureu altres ingredients, excepte l'oli i la ceba.
- Escalfeu l'oli en una cassola. Afegiu la barreja mòlta i la ceba.
- Fregir a foc mitjà durant 3-4 minuts. Afegiu la barreja de carn. Coure durant 20 minuts, remenant de tant en tant. Servir calent.

Badami Gosht

(Xi amb ametlla)

Serveis 4

Ingredients

5 cullerades de ghee

3 cebes grans ben picades

12 grans d'all premsats

Arrel de gingebre de 3,5 cm, tallada finament

750 g/1lb 10 oz de xai, picat

75 g/2½ oz d'ametlla mòlta

1 cullerada de garam masala

Afegiu sal al gust

250 g/9 oz de iogurt

360 ml/12 fl oz de llet de coco

500 ml/16 fl oz d'aigua

mètode

- Escalfeu el ghee en una paella. Afegiu tots els ingredients excepte el iogurt, la llet de coco i l'aigua. Barrejar bé. Cuini a foc lent durant 10 minuts.
- Afegiu la resta dels ingredients. Cuini a foc lent durant 40 minuts. Servir calent.

Carn de vedella rostida a l'Índia

Serveis 4

Ingredients

30 g/1 oz de formatge cheddar, ratllat

½ culleradeta de pebre negre mòlt

1 culleradeta de xili en pols

10 g/¼ oz de fulles de coriandre, picades

10 g/¼ oz de fulles de menta, ben picades

1 culleradeta de pasta de gingebre

1 culleradeta de pasta d'all

25 g/petita 1 oz de pa ratllat

1 ou, batut

Afegiu sal al gust

675 g / 1½ lb de vedella desossada, aplanada i tallada en 8 trossos

5 cullerades d'oli vegetal refinat

500 ml/16 fl oz d'aigua

mètode

- Barregeu tots els ingredients excepte la carn, l'oli i l'aigua.
- Apliqueu aquesta barreja a un costat de cada tros de vedella. Enrotlleu cadascuna i lligueu amb un cordó per tancar.
- Escalfeu l'oli en una cassola. Afegiu-hi els rotllets i fregiu-los a foc mitjà durant 8 minuts. Afegir aigua i barrejar bé. Cuini a foc lent durant 30 minuts. Servir calent.

Costelles de Khatta Pudina

(Colletes dures de menta)

Serveis 4

Ingredients

1 culleradeta de comí mòlt

1 cullerada de pebre blanc mòlt

2 culleradetes de garam masala

5 culleradetes de suc de llimona

4 cullerades de nata única

150 g de iogurt

250 ml/8 fl oz de chutney de menta

2 cullerades de farina de blat de moro

¼ papaia petita, mòlta

1 cullerada de pasta d'all

1 cullerada de pasta de gingebre

1 culleradeta de fenigrec mòlt

Afegiu sal al gust

Costelles de xai 675 g/1½ lliure

Oli vegetal refinat per arrebossar

mètode

- Barregeu tots els ingredients excepte les costelles de xai i l'oli. Marinar les costelles en aquesta barreja durant 5 hores.
- Reboqueu les costelles amb oli i feu la planxa durant 15 minuts. Servir calent.

Bistec a l'Índia

Serveis 4

Ingredients

675 g / 1½ lb de vedella, tallada a patates

Arrel de gingebre de 3,5 cm, tallada finament

12 grans d'all, ben picats

2 cullerades de pebre negre mòlt

4 cebes mitjanes, ben picades

4 pebrots verds, ben picats

3 cullerades de vinagre

750 ml/1¼ litres d'aigua

Afegiu sal al gust

5 cullerades d'oli vegetal refinat més extra per fregir

mètode

- Barregeu tots els ingredients, excepte l'oli per fregir, en una cassola.
- Cobrir amb una tapa hermètica i coure durant 45 minuts, remenant de tant en tant.
- Escalfeu l'oli restant en una paella. Afegiu la barreja de vedella cuita i salteu-ho a foc mitjà durant 5-7 minuts, girant-ho de tant en tant. Servir calent.

Xai en salsa verda

Serveis 4

Ingredients

4 cullerades d'oli vegetal refinat

3 cebes grans, ratllades

1½ culleradetes de pasta de gingebre

1 culleradeta de pasta d'all

675 g/1½ lliure de xai, tallat a trossos de 2,5 cm/1 polzada

½ culleradeta de canyella mòlta

½ culleradeta de clau mòlta

½ culleradeta de cardamom negre mòlt

6 xiles vermells secs, mòlts

2 culleradetes de coriandre mòlt

½ culleradeta de comí mòlt

10 g/¼ oz de fulles de coriandre, ben picades

4 tomàquets, triturats

Afegiu sal al gust

500 ml/16 fl oz d'aigua

mètode

- Escalfeu l'oli en una cassola. Afegiu la ceba, la pasta de gingebre i la pasta d'all. Fregir a foc mitjà durant 2-3 minuts.

- Afegiu tots els ingredients restants, excepte l'aigua. Barrejar bé i fregir durant 8-10 minuts. Afegiu aigua. Tapeu i cuini a foc lent durant 40 minuts, remenant de tant en tant. Servir calent.

Xai picat senzill

Serveis 4

Ingredients

3 cullerades d'oli de mostassa

2 cebes grans ben picades

Arrel de gingebre de 7,5 cm/3 polzades, tallada finament

2 culleradetes de pebre negre mòlt gruixut

2 culleradetes de comí mòlt

Afegiu sal al gust

1 culleradeta de cúrcuma

750 g/1lb 10 oz de xai mòlt

500 ml/16 fl oz d'aigua

mètode

- Escalfeu l'oli en una cassola. Afegiu la ceba, el gingebre, el pebre, el comí mòlt, la sal i la cúrcuma. Fregir durant 2 minuts. Afegiu la carn picada. Fregir durant 8-10 minuts.
- Afegiu aigua. Barrejar bé i coure a foc lent durant 30 minuts. Servir calent.

Sorpotel de porc

(Fetge de porc cuit amb salsa de goan)

Serveis 4

Ingredients

250 ml/8 fl oz de vinagre de malta

8 xiles vermells secs

10 grans de pebre negre

1 culleradeta de comí

1 cullerada de llavors de coriandre

1 culleradeta de cúrcuma

500 g/1lb de carn de porc

250 g/9 oz de fetge

Afegiu sal al gust

1 litre/1¾ pinta d'aigua

120 ml/4 fl oz d'oli vegetal refinat

Arrel de gingebre de 5 cm, tallada finament

20 grans d'all, ben picats

6 pebrots verds, tallats al llarg

mètode

- Tritureu la meitat del vinagre amb xiles vermells, grans de pebre, comí, llavors de coriandre i cúrcuma en una pasta fina. Deixar de banda.
- Barrejar la carn de porc i el fetge amb sal i aigua. Coure en una cassola durant 30 minuts. Escorreu i estalvieu el fons. Talleu a daus la carn de porc i el fetge. Deixar de banda.
- Escalfeu l'oli en una cassola. Afegiu-hi la carn tallada a daus i sofregiu-ho a foc lent durant 12 minuts. Afegiu la pasta i tots els altres ingredients. Barrejar bé.
- Rostir durant 15 minuts. Afegeix estoc. Cuini a foc lent durant 15 minuts. Servir calent.

Xai en escabetx

Serveis 4

Ingredients

750 g/1lb 10 oz de xai, tallat a tires fines

Afegiu sal al gust

1 litre/1¾ pinta d'aigua

6 cullerades d'oli vegetal refinat

1 culleradeta de cúrcuma

4 cullerades de suc de llimona

2 cullerades de comí mòlt, rostit en sec

4 cullerades de sèsam mòlt

Arrel de gingebre de 7,5 cm/3 polzades, tallada finament

12 grans d'all, ben picats

mètode

- Barregeu el xai amb sal i aigua i deixeu-ho coure en una olla a foc mitjà durant 40 minuts. Escórrer i reservar.
- Escalfeu l'oli en una paella. Afegiu el xai i deixeu-ho coure a foc mitjà durant 10 minuts. Escórrer i barrejar amb la resta d'ingredients. Servir fred.

Haleem

(Caravella a l'estil persa)

Serveis 4

Ingredients

500 g/1lb 2 oz de blat, remullat durant 2-3 hores i escorregut

1,5 litres/2¾ pintes d'aigua

Afegiu sal al gust

500 g/1lb 2 oz de xai, tallat a daus

4-5 cullerades de ghee

3 cebes grans, tallades a rodanxes

1 culleradeta de pasta de gingebre

1 culleradeta de pasta d'all

1 culleradeta de cúrcuma

1 culleradeta de garam masala

mètode

- Barrejar el blat amb 250 ml d'aigua i una mica de sal. Coure en una cassola a foc mitjà durant 30 minuts. Aixafar bé i reservar.
- Bullir el xai amb l'aigua i la sal restant en una cassola durant 45 minuts. Escórrer i triturar fins a obtenir una pasta fina. Reserva de subministraments.
- Escalfar ghee. Sofregiu la ceba a foc lent fins que estigui daurada. Afegiu la pasta de gingebre, la pasta d'all, la cúrcuma i la carn picada. Fregir durant 8 minuts. Afegiu el blat, el brou i el garam masala. Coure durant 20 minuts. Servir calent.

Costelles de carn de verd Masala

Serveis 4

Ingredients

Costelles de xai 675 g/1½ lliure

Afegiu sal al gust

1 culleradeta de cúrcuma

500 ml/16 fl oz d'aigua

2 cullerades de coriandre mòlt

1 culleradeta de comí mòlt

1 cullerada de pasta de gingebre

1 cullerada de pasta d'all

100 g/3½ oz de fulles de coriandre, picades

1 culleradeta de suc de llimona

1 culleradeta de pebre negre mòlt

1 culleradeta de garam masala

60 g/2 oz de farina blanca normal

Oli vegetal refinat per fregir

2 ous, batuts

50 g/1¾ oz de pa ratllat

mètode

- Barregeu el xai amb sal, cúrcuma i aigua. Coure en una cassola a foc mitjà durant 30 minuts. Escórrer i reservar.
- Barregeu els altres ingredients excepte la farina, l'oli, els ous i el pa ratllat.
- Rebosseu les costelles amb aquesta barreja i empolseu-les amb farina.
- Escalfeu l'oli en una paella. Submergeix les costelles a l'ou, passa amb pa ratllat i sofregim fins que estiguin daurades. Gira i repeteix. Servir calent.

Fetge de xai amb fenogrec

Serveis 4

Ingredients

4 cullerades d'oli vegetal refinat

2 cebes grans ben picades

¾ culleradeta de pasta de gingebre

¾ culleradeta de pasta d'all

50 g/1¾ oz de fulles de fenogrec, picades

600 g/1lb 5 oz de fetge de xai, tallat a daus

3 tomàquets, ben picats

1 culleradeta de garam masala

120 ml d'aigua tèbia

1 cullerada de suc de llimona

Afegiu sal al gust

mètode

- Escalfeu l'oli en una cassola. Sofregiu la ceba a foc mitjà fins que estigui translúcid. Afegiu la pasta de gingebre i la pasta d'all. Fregir durant 1-2 minuts.
- Afegiu fulles de fenogrec i fetge. Cuini a foc lent durant 5 minuts.

- Afegiu la resta dels ingredients. Coure durant 40 minuts i serviu calent.

vedella Hussaini

(Carn de vedella cuinada amb salsa d'estil del nord de l'Índia)

Serveis 4

Ingredients

4 cullerades d'oli vegetal refinat

675 g / 1½ lb de vedella, picada finament

125 g/4½ oz de iogurt

Afegiu sal al gust

750 ml/1¼ litres d'aigua

Per a la barreja d'espècies:

4 cebes grans

8 grans d'all

Arrel de gingebre de 2,5 cm/1 polzada

2 culleradetes de garam masala

1 culleradeta de cúrcuma

2 culleradetes de coriandre mòlt

1 culleradeta de comí mòlt

mètode

- Tritureu els ingredients per a la barreja d'espècies en una pasta espessa.
- Escalfeu l'oli en una cassola. Afegiu-hi la pasta i fregiu-la a foc mitjà durant 4-5 minuts. Afegiu la carn de vedella. Barrejar bé i fregir durant 8-10 minuts.
- Afegiu el iogurt, la sal i l'aigua. Barrejar bé. Tapeu i cuini a foc lent durant 40 minuts, remenant de tant en tant. Servir calent.

Mateu Anyell

(Xi amb fenogrec)

Serveis 4

Ingredients

120 ml/4 fl oz d'oli vegetal refinat

1 ceba gran, picada finament

6 grans d'all, ben picats

600 g/1lb 5 oz de xai, tallat a daus

50 g/1¾ oz de fulles fresques de fenogrec, tallades finament

½ culleradeta de cúrcuma

1 culleradeta de coriandre mòlt

125 g/4½ oz de iogurt

600 ml/1 litre d'aigua

½ culleradeta de cardamom verd mòlt

Afegiu sal al gust

mètode

- Escalfeu l'oli en una cassola. Afegiu-hi la ceba i l'all i sofregiu-ho a foc mitjà durant 4 minuts.
- Afegiu el xai. Fregir durant 7-8 minuts. Afegiu la resta dels ingredients. Barrejar bé i coure a foc lent durant 45 minuts. Servir calent.

Carn de vedella dins

(carn de vedella cuita amb salsa de les Índies Orientals)

Serveis 4

Ingredients

675 g / 1½ lb de vedella, picada

2,5 cm/1 en canyella

6 claus

Afegiu sal al gust

1 litre/1¾ pinta d'aigua

5 cullerades d'oli vegetal refinat

3 patates grans, tallades a rodanxes

Per a la barreja d'espècies:

60 ml/2 fl oz de vinagre de malta

3 cebes grans

Arrel de gingebre de 2,5 cm/1 polzada

8 grans d'all

½ culleradeta de cúrcuma

2 xiles vermells secs

2 culleradetes de comí

mètode

- Barregeu la vedella amb canyella, clau, sal i aigua. Coure en una cassola a foc mitjà durant 45 minuts. Deixar de banda.
- Tritureu els ingredients per a la barreja d'espècies en una pasta espessa.
- Escalfeu l'oli en una cassola. Afegiu la barreja d'espècies i fregiu a foc lent durant 5-6 minuts. Afegiu la vedella i les patates. Barrejar bé. Cuini a foc lent durant 15 minuts i serveix calent.

Guisat de xai

Serveis 4

Ingredients

3 cullerades d'oli vegetal refinat

2 cebes grans ben picades

4 grans d'all, ben picats

500 g/1lb 2 oz de xai, mòlt

2 culleradetes de comí mòlt

6 cullerades de puré de tomàquet

150 g de mongetes en conserva

250 ml de brou de carn

Pebre negre mòlt al gust

Afegiu sal al gust

mètode

- Escalfeu l'oli en una cassola. Afegiu la ceba i l'all i sofregiu-ho a foc mitjà durant 2-3 minuts. Afegiu la carn picada i deixeu-ho coure a foc lent durant 10 minuts. Afegiu la resta dels ingredients. Barrejar bé i coure a foc lent durant 30 minuts.
- Col·loqueu en una forma apta per al forn. Coure al forn a 180 °C (350 °F, marca de gas 4) durant 25 minuts. Servir calent.

Xai aromatitzat amb cardamom

Serveis 4

Ingredients

Afegiu sal al gust

200 g/7 oz de iogurt

1½ cullerades de pasta de gingebre

2 ½ culleradetes de pasta d'all

2 cullerades de cardamom verd mòlt

675 g/1½ lb de xai, tallat a trossos de 3,5 cm/1½ polzada

6 cullerades de ghee

6 claus

7,5 cm/3 de canyella, mòlta gruixuda

4 cebes grans ben picades

½ culleradeta de safrà, remullat amb 2 cullerades de llet

1 litre/1¾ pinta d'aigua

125 g/4½ oz de nous torrades

mètode

- Barreja la sal, el iogurt, la pasta de gingebre, la pasta d'all i el cardamom. Marinar la carn en aquesta barreja durant 2 hores.
- Escalfeu el ghee en una paella. Afegiu-hi els claus i la canyella. Deixeu-los ruixar durant 15 segons.
- Afegiu les cebes. Fregir durant 3-4 minuts. Afegiu la carn marinada, el safrà i l'aigua. Barrejar bé. Cobrir amb una tapa i coure a foc lent durant 40 minuts.
- Serviu calent, adornat amb nous.

Kheema

(Carn picada)

Serveis 4

Ingredients

5 cullerades d'oli vegetal refinat

4 cebes grans ben picades

1 culleradeta de pasta de gingebre

1 culleradeta de pasta d'all

3 tomàquets, ben picats

2 culleradetes de garam masala

200 g/7 oz de pèsols congelats

Afegiu sal al gust

675 g/1½ lb de vedella mòlta

500 ml/16 fl oz d'aigua

mètode

- Escalfeu l'oli en una cassola. Afegiu-hi la ceba i fregiu-la a foc mitjà fins que estigui daurada. Afegiu la pasta de gingebre, la pasta d'all, els tomàquets, el garam masala, els pèsols i la sal. Barrejar bé. Fregir durant 3-4 minuts.
- Afegiu carn de vedella i aigua. Barrejar bé. Coure durant 40 minuts i serviu calent.

Porc rostit picant

Serveis 4

Ingredients

675 g/1½ lb de carn de porc, tallada a daus

2 cebes grans ben picades

1 culleradeta d'oli vegetal refinat

1 litre/1¾ pinta d'aigua

Afegiu sal al gust

Per a la barreja d'espècies:

250 ml de vinagre

2 cebes grans

1 cullerada de pasta de gingebre

1 cullerada de pasta d'all

1 cullerada de pebre negre mòlt

1 cullerada de xili verd

1 cullerada de cúrcuma

1 cullerada de xili en pols

1 cullerada de clau d'olor

5 cm/2 en canyella

1 cullerada de beines de cardamom verd

mètode

- Tritureu els ingredients per a la barreja d'espècies en una pasta espessa.
- Barrejar amb la resta d'ingredients a l'olla. Cobrir amb una tapa hermètica i coure a foc lent durant 50 minuts. Servir calent.

Tandoori Raan

(Cuixa de xai picant cuita al tandoor)

Serveis 4

Ingredients

675 g / 1½ lliure de cuixa de xai

400 g/14 oz de iogurt

2 cullerades de suc de llimona

2 culleradetes de pasta de gingebre

2 culleradetes de pasta d'all

1 cullerada de clau mòlta

1 culleradeta de canyella mòlta

2 culleradetes de xili en pols

1 cullerada de nou moscada, ratllada

Un pessic de maça

Afegiu sal al gust

Oli vegetal refinat per arrebossar

mètode

- Punxeu el xai per tot arreu amb una forquilla.
- Barregeu bé els altres ingredients, excepte l'oli. Marinar el xai en aquesta barreja durant 4-6 hores.
- Rostir el xai al forn a 180 °C (350 °F, marca de gas 4) durant 1½-2 hores, remenant de tant en tant. Servir calent.

xai Talaa

(xai al forn)

Serveis 4

Ingredients

675 g/1½ lb de xai, tallat a trossos de 5 cm/2 polzades

Afegiu sal al gust

1 litre/1¾ pinta d'aigua

4 cullerades de ghee

2 cebes grans, tallades a rodanxes

Per a la barreja d'espècies:

8 xiles secs

1 culleradeta de cúrcuma

1½ culleradeta de garam masala

2 culleradetes de llavors de rosella

3 cebes grans ben picades

1 cullerada de pasta de tamarind

mètode

- Tritureu els ingredients per a la barreja d'espècies amb aigua fins a obtenir una pasta espessa.
- Barreja aquesta pasta amb carn, sal i aigua. Coure en una cassola a foc mitjà durant 40 minuts. Deixar de banda.
- Escalfeu el ghee en una paella. Afegiu-hi la ceba i fregiu-la a foc mitjà fins que estigui daurada. Afegiu la barreja de carn. Cuini a foc lent durant 6-7 minuts i serveix calent.

Llengua guisada

Serveis 4

Ingredients

900 g/2 lliures de llengua de vedella

Afegiu sal al gust

1 litre/1¾ pinta d'aigua

1 culleradeta de ghee

3 cebes grans ben picades

Arrel de gingebre de 5 cm, tallada

4 tomàquets, ben picats

125 g/4½ oz de pèsols congelats

10 g/¼ oz de fulles de menta, ben picades

1 cullerada de vinagre de malta

1 culleradeta de pebre negre mòlt

½ culleradeta de garam masala

mètode

- Posar la llengua en una cassola amb sal i aigua i coure a foc mitjà durant 45 minuts. Escórrer i refredar breument. Peleu la pell i talleu-la a tires. Deixar de banda.
- Escalfeu el ghee en una paella. Afegiu la ceba i el gingebre i sofregiu-ho a foc mitjà durant 2-3 minuts. Afegiu la llengua cuita i tots els ingredients restants. Cuini a foc lent durant 20 minuts. Servir calent.

Carn de moltó fregit

Serveis 4

Ingredients

75 g/2½ oz de formatge cheddar, ratllat

½ culleradeta de pebre negre mòlt

1 culleradeta de pasta de gingebre

1 culleradeta de pasta d'all

3 ous, batuts

50 g/1¾ oz de fulles de coriandre, picades

100 g/3½ oz de pa ratllat

Afegiu sal al gust

675 g/1½ lb de xai desossat, tallat a trossos de 10 cm/4in i aplanat

4 cullerades de ghee

250 ml/8 fl oz d'aigua

mètode

- Barregeu tots els ingredients excepte la carn, el ghee i l'aigua. Apliqueu la barreja a un costat de la peça de carn. Enrotlleu cada part amb força i lligueu amb un cordó.
- Escalfeu el ghee en una paella. Afegiu el xai i fregiu a foc mitjà fins que estigui daurat. Afegiu aigua. Cuini a foc lent durant 15 minuts i serveix calent.

Fetge fregit de Masala

Serveis 4

Ingredients

4 cullerades d'oli vegetal refinat

675 g/1½ lb de fetge de xai, tallat a tires de 5 cm/2 polzades

2 cullerades de gingebre, ben picat

15 grans d'all, ben picats

8 pebrots verds, tallats al llarg

2 culleradetes de comí mòlt

1 culleradeta de cúrcuma

125 g/4½ oz de iogurt

1 culleradeta de pebre negre mòlt

Afegiu sal al gust

50 g/1¾ oz de fulles de coriandre, picades

El suc d'1 llimona

mètode

- Escalfeu l'oli en una cassola. Afegiu-hi les tires de fetge i fregiu-les a foc mitjà durant 10-12 minuts.
- Afegiu el gingebre, l'all, els xiles verds, el comí i la cúrcuma. Fregir durant 3-4 minuts. Afegiu el iogurt, el pebre i la sal. Cuini a foc lent durant 6-7 minuts.
- Afegiu les fulles de coriandre i el suc de llimona. Cuini a foc lent durant 5-6 minuts. Servir calent.

Llengua de vedella picant

Serveis 4

Ingredients

900 g/2 lliures de llengua de vedella

Afegiu sal al gust

1,5 litres/2¾ pintes d'aigua

2 culleradetes de comí

12 grans d'all

5 cm/2 en canyella

4 claus

6 xiles vermells secs

8 grans de pebre negre

6 cullerades de vinagre de malta

3 cullerades d'oli vegetal refinat

2 cebes grans ben picades

3 tomàquets, ben picats

1 culleradeta de cúrcuma

mètode

- Bullir la llengua amb sal i 1,2 litres/2 litres d'aigua en una olla a foc suau durant 45 minuts. Traieu la pell. Talleu les llengües a daus i reserveu-les.
- Tritureu el comí, l'all, la canyella, els claus, els xiles vermells secs i els grans de pebre amb vinagre per fer una pasta llisa. Deixar de banda.
- Escalfeu l'oli en una cassola. Sofregiu la ceba a foc mitjà fins que estigui translúcid. Afegiu la pasta mòlta, la llengua tallada a daus, els tomàquets, la cúrcuma i l'aigua restant. Cuini a foc lent durant 20 minuts i serveix calent.

Pas de xais

(kebab de xai amb suc de iogurt)

Serveis 4

Ingredients

½ cullerada d'oli vegetal refinat

3 cebes grans, tallades a rodanxes longitudinals

¼ de papaia petita verd, mòlta

200 g/7 oz de iogurt

2 culleradetes de garam masala

Afegiu sal al gust

750 g/1lb 10 oz de xai desossat, tallat a trossos de 5 cm/2 polzades

mètode

- Escalfeu l'oli en una cassola. Sofregiu la ceba a foc lent fins que estigui daurada.
- Escorreu i tritureu la ceba en una pasta. Barrejar amb la resta d'ingredients, excepte el xai. Marinar el xai en aquesta barreja durant 5 hores.
- Col·loqueu-lo en un motlle i coeu-ho al forn a 180 °C (350 °F, marca de gas 4) durant 30 minuts. Servir calent.

Curry de xai i poma

Serveis 4

Ingredients

5 cullerades d'oli vegetal refinat

4 cebes grans, tallades a rodanxes

4 tomàquets grans, blanquejats (vegeu tècniques de cuina)

½ culleradeta de pasta d'all

2 culleradetes de coriandre mòlt

2 culleradetes de comí mòlt

1 culleradeta de xili en pols

30 g/1 oz d'anacards, mòlts

750 g/1lb 10 oz de xai desossat, tallat a trossos de 2,5 cm/1 polzada

200 g/7 oz de iogurt

1 culleradeta de pebre negre mòlt

Afegiu sal al gust

750 ml/1¼ litres d'aigua

4 pomes, tallades a trossos de 3,5 cm/1½ polzada

120 ml/4 fl oz de crema fresca d'un sol ús

mètode

- Escalfeu l'oli en una paella. Sofregiu la ceba a foc lent fins que estigui daurada.
- Afegiu els tomàquets, la pasta d'all, el coriandre i el comí. Fregir durant 5 minuts.
- Afegiu la resta dels ingredients excepte l'aigua, la poma i la nata. Barrejar bé i coure a foc lent durant 8-10 minuts.
- Aboqui l'aigua. Cuini a foc lent durant 40 minuts. Afegiu les pomes i barregeu-ho durant 10 minuts. Afegiu-hi la nata i barregeu-ho durant 5 minuts més. Servir calent.

Carn de moltó sec estil Andhra

Serveis 4

Ingredients

675 g/1½ lb de vedella, picada

4 cebes grans ben picades

6 tomàquets, ben picats

1½ culleradetes de pasta de gingebre

1½ culleradetes de pasta d'all

50 g/1¾ oz de coco fresc, ratllat

2 ½ cullerades de garam masala

½ culleradeta de pebre negre mòlt

1 culleradeta de cúrcuma

Afegiu sal al gust

500 ml/16 fl oz d'aigua

6 cullerades d'oli vegetal refinat

mètode

- Barregeu tots els ingredients excepte l'oli. Coure en una cassola a foc mitjà durant 40 minuts. Escorreu la carn i llenceu el brou.
- Escalfeu l'oli en una altra paella. Afegiu-hi la carn cuita i fregiu-la a foc mitjà durant 10 minuts. Servir calent.

Un senzill curri de vedella

Serveis 4

Ingredients

3 cullerades d'oli vegetal refinat

2 cebes grans ben picades

750 g / 1 lb 10 oz de vedella, tallada a trossos de 2,5 cm / 1 polzada

1 culleradeta de pasta de gingebre

1 culleradeta de pasta d'all

1 culleradeta de xili en pols

½ culleradeta de cúrcuma

Afegiu sal al gust

300 g/10 oz de iogurt

1,2 litres/2 litres d'aigua

mètode

- Escalfeu l'oli en una cassola. Sofregiu la ceba a foc lent fins que estigui daurada.
- Afegiu altres ingredients excepte el iogurt i l'aigua. Fregir durant 6-7 minuts. Afegiu el iogurt i l'aigua. Cuini a foc lent durant 40 minuts. Servir calent.

Gosht Korma

(Carn de vedella rica en salsa)

Serveis 4

Ingredients

3 cullerades de llavors de rosella

75 g/2½ oz d'anacards

50 g/1¾ oz de coco dessecat

3 cullerades d'oli vegetal refinat

1 ceba gran, picada finament

2 cullerades de pasta de gingebre

2 cullerades de pasta d'all

675 g/1½ lb de carn de cordó desossat, tallat a daus

200 g/7 oz de iogurt

10 g/¼ oz de fulles de coriandre, picades

10 g/¼ oz de fulles de menta, picades

½ culleradeta de garam masala

Afegiu sal al gust

1 litre/1¾ pinta d'aigua

mètode

- Llavors de rosella seques, anacards i coco. Tritureu amb aigua suficient per fer una pasta espessa. Deixar de banda.
- Escalfeu l'oli en una cassola. Fregiu la ceba, el gingebre i la pasta d'all a foc mitjà durant 1-2 minuts.
- Afegiu-hi la pasta de llavors de rosella i la resta d'ingredients, excepte l'aigua. Barrejar bé i fregir durant 5-6 minuts.
- Afegiu aigua. Coure durant 40 minuts, remenant sovint. Servir calent.

Costelles Erachi

(Colletes de xai suaus)

Serveis 4

Ingredients

Costelles de carn de 750 g/1lb 10 oz

Afegiu sal al gust

1 culleradeta de cúrcuma

1 litre/1¾ pinta d'aigua

2 cullerades d'oli vegetal refinat

1 culleradeta de pasta de gingebre

1 culleradeta de pasta d'all

3 cebes grans, tallades a rodanxes

5 pebrots verds, tallats al llarg

2 tomàquets grans, ben picats

½ culleradeta de coriandre mòlt

1 cullerada de pebre negre mòlt

1 cullerada de suc de llimona

2 cullerades de fulles de coriandre picades

mètode

- Marinar les costelles de xai amb sal i cúrcuma durant 2-3 hores.
- Bullir la carn amb aigua a foc lent durant 40 minuts. Deixar de banda.
- Escalfeu l'oli en una cassola. Afegiu-hi la pasta de gingebre, la pasta d'all, la ceba i el pebrot verd i fregiu-los a foc mitjà durant 3-4 minuts.
- Afegiu els tomàquets, el coriandre mòlt i el pebre. Barrejar bé. Fregir durant 5-6 minuts. Afegiu el xai i deixeu-ho coure a foc lent durant 10 minuts.

- Decoreu amb suc de llimona i fulles de coriandre. Servir calent.

Carn picada totalment fregida

Serveis 4

Ingredients

3 cullerades d'oli vegetal refinat

2 cebes grans ben picades

6 grans d'all, ben picats

600 g/1lb 5 oz de xai, mòlt

2 culleradetes de comí mòlt

125 g/4½ oz de puré de tomàquet

600 g/1lb de mongetes en conserva

500 ml/16 fl oz de brou de vedella

½ culleradeta de pebre negre mòlt

Afegiu sal al gust

mètode

- Escalfeu l'oli en una cassola. Afegiu la ceba i l'all. Fregir a foc lent durant 2-3 minuts. Afegiu la resta dels ingredients. Cuini a foc lent durant 30 minuts.
- Transferiu a una safata apta per al forn i coure al forn a 200 °C (400 °F, marca de gas 6) durant 25 minuts. Servir calent.

Kaleji Do Pyaaz

(Viu amb cebes)

Serveis 4

Ingredients

4 cullerades de ghee

3 cebes grans ben picades

Arrel de gingebre de 2,5 cm/1 polzada, tallada finament

10 grans d'all, ben picats

4 pebrots verds, tallats al llarg

1 culleradeta de cúrcuma

3 tomàquets, ben picats

750 g/1lb 10 oz de fetge de xai, tallat a daus

2 culleradetes de garam masala

200 g/7 oz de iogurt

Afegiu sal al gust

250 ml/8 fl oz d'aigua

mètode

- Escalfeu el ghee en una paella. Afegiu la ceba, el gingebre, l'all, el bitxo verd i la cúrcuma i sofregiu-ho a foc mitjà durant 3-4 minuts. Afegiu tots els ingredients restants, excepte l'aigua. Barrejar bé. Fregir durant 7-8 minuts.
- Afegiu aigua. Coure durant 30 minuts, remenant de tant en tant. Servir calent.

Xai amb ossos

Serveis 4

Ingredients

30 g/1 oz de fulles de menta, ben picades

3 pebrots verds, ben picats

12 grans d'all, ben picats

El suc d'1 llimona

675 g/1½ lb de cuixa de xai, tallada en 4 trossos

5 cullerades d'oli vegetal refinat

Afegiu sal al gust

500 ml/16 fl oz d'aigua

1 ceba gran picada finament

4 patates grans, tallades a daus

5 albergínies més petites, tallades a la meitat

3 tomàquets, ben picats

mètode

- Tritureu les fulles de menta, els bitxos verds i l'all amb aigua suficient per fer una pasta llisa. Afegiu el suc de llimona i barregeu-ho bé.
- Marinar la carn en aquesta barreja durant 30 minuts.
- Escalfeu l'oli en una cassola. Afegiu la carn marinada i fregiu-la a foc lent durant 8-10 minuts. Afegiu sal i aigua i deixeu-ho coure durant 30 minuts.
- Afegiu tots els ingredients restants. Cuini a foc lent durant 15 minuts i serveix calent.

Bistec Vindaloo

(Curry de vedella de Goan)

Serveis 4

Ingredients

3 cebes grans ben picades

5 cm/2 en arrel de gingebre

10 grans d'all

1 cullerada de comí

½ cullerada de coriandre mòlt

2 culleradetes de xili vermell

½ culleradeta de llavors de fenogrec

½ culleradeta de llavors de mostassa

60 ml/2 fl oz de vinagre de malta

Afegiu sal al gust

675 g/1½ lb de vedella desossada, tallada a trossos de 2,5 cm/1 polzada

3 cullerades d'oli vegetal refinat

1 litre/1¾ pinta d'aigua

mètode

- Tritureu tots els ingredients excepte la carn, l'oli i l'aigua en una massa espessa. Marinar la carn en aquesta pasta durant 2 hores.
- Escalfeu l'oli en una cassola. Afegiu la carn marinada i deixeu-ho coure a foc lent durant 7-8 minuts. Afegiu aigua. Coure durant 40 minuts, remenant de tant en tant. Servir calent.

Curry de vedella

Serveis 4

Ingredients

4 cullerades d'oli vegetal refinat

3 cebes grans, ratllades

1½ culleradeta de comí mòlt

1 culleradeta de cúrcuma

1 culleradeta de xili en pols

½ culleradeta de pebre negre mòlt

4 puré de tomàquets de mida mitjana

675 g/1½ lb de vedella magra, tallada a trossos de 2,5 cm/1 polzada

Afegiu sal al gust

1½ culleradetes de fulles seques de fenogrec

250 ml/8 fl oz de cremes individuals

mètode

- Escalfeu l'oli en una cassola. Afegiu-hi la ceba i fregiu-la a foc mitjà fins que estigui daurada.
- Afegiu la resta d'ingredients, excepte les fulles de fenogrec i la nata.
- Barrejar bé i coure a foc lent durant 40 minuts. Afegiu fulles de fenogrec i nata. Coure durant 5 minuts i serviu calent.

Carbassa amb carbassa

Serveis 4

Ingredients

750 g/1lb 10 oz de vedella, picada

200 g/7 oz de iogurt

Afegiu sal al gust

2 cebes grans

Arrel de gingebre de 2,5 cm/1 polzada

7 grans d'all

5 cullerades de ghee

¾ culleradeta de cúrcuma

1 culleradeta de garam masala

2 fulles de llorer

750 ml/1¼ litres d'aigua

400 g/14 oz de carbassa, cuita i triturada

mètode

- Marinar el xai amb iogurt i sal durant 1 hora.
- Tritureu la ceba, el gingebre i l'all amb aigua suficient per fer una pasta espessa. Escalfeu el ghee en una paella. Afegiu la pasta juntament amb la cúrcuma i sofregiu durant 3-4 minuts.
- Afegiu garam masala, fulles de llorer i xai. Rostir durant 10 minuts.
- Afegiu-hi aigua i carbassa. Coure durant 40 minuts i serviu calent.

Gustaf

(Motton al Caixmir)

Serveis 4

Ingredients

675 g/1½ lb de cordó desossat

6 beines de cardamom negre

Afegiu sal al gust

4 cullerades de ghee

4 cebes grans tallades a anelles

600 g/1lb 5 oz de iogurt

1 culleradeta de llavors de fonoll mòlt

1 cullerada de canyella mòlta

1 cullerada de clau mòlta

1 cullerada de fulles de menta triturades

mètode

- Piqueu el xai amb cardamom i sal fins que estigui suau. Dividir en 12 boles i reservar.
- Escalfeu el ghee en una paella. Sofregiu la ceba a foc lent fins que estigui daurada. Afegiu el iogurt i deixeu-ho coure durant 8-10 minuts, remenant constantment.
- Afegiu les mandonguilles i tots els altres ingredients excepte les fulles de menta. Cuini a foc lent durant 40 minuts. Servir guarnit amb fulles de menta.

Carn de moltó amb una barreja de verdures i herbes

Serveis 4

Ingredients

5 cullerades d'oli vegetal refinat

3 cebes grans ben picades

750 g/1lb 10 oz de carn de carn, tallat a daus

50 g/1¾ oz de fulles d'amarant*, ben picada

100 g/3½ oz de fulles d'espinacs, ben picades

50 g/1¾ oz de fulles de fenogrec, picades

50 g/1¾ oz de fulles d'anet, ben picades

50 g/1¾ oz de fulles de coriandre, picades

1 culleradeta de pasta de gingebre

1 culleradeta de pasta d'all

3 pebrots verds, ben picats

1 culleradeta de cúrcuma

2 culleradetes de coriandre mòlt

1 culleradeta de comí mòlt

Afegiu sal al gust

1 litre/1¾ pinta d'aigua

mètode

- Escalfeu l'oli en una cassola. Sofregiu la ceba a foc mitjà fins que estigui daurada. Afegiu la resta d'ingredients excepte l'aigua. Cuini a foc lent durant 12 minuts.
- Afegiu aigua. Coure durant 40 minuts i serviu calent.

Xai de llimona

Serveis 4

Ingredients

750 g/1lb 10 oz de xai, tallat a trossos de 2,5 cm/1 polzada

2 tomàquets, ben picats

4 pebrots verds, ben picats

1 culleradeta de pasta de gingebre

1 culleradeta de pasta d'all

2 culleradetes de garam masala

125 g/4½ oz de iogurt

500 ml/16 fl oz d'aigua

Afegiu sal al gust

1 cullerada d'oli vegetal refinat

10 escalunyes

3 cullerades de suc de llimona

mètode

- Barregeu el xai amb la resta d'ingredients, excepte l'oli, les escalunyes i el suc de llimona. Coure en una cassola a foc mitjà durant 45 minuts. Deixar de banda.

- Escalfeu l'oli en una cassola. Fregiu el pebrot picant a foc lent durant 5 minuts.
- Barrejar amb curri de xai i escampar-hi suc de llimona. Servir calent.

Pasanda de xai amb ametlles

(Trossos de xai amb ametlles en salsa de iogurt)

Serveis 4

Ingredients

120 ml/4 fl oz d'oli vegetal refinat

4 cebes grans ben picades

750 g/1lb 10 oz de xai desossat, tallat a trossos de 5 cm/2 polzades

3 tomàquets, ben picats

1 culleradeta de pasta de gingebre

1 culleradeta de pasta d'all

2 culleradetes de comí mòlt

1½ culleradeta de garam masala

Afegiu sal al gust

200 g/7 oz de iogurt grec

750 ml/1¼ litres d'aigua

25 ametlles triturades gruixudes

mètode

- Escalfeu l'oli en una cassola. Afegir la ceba i sofregir a foc lent durant 6 minuts. Afegir el xai i sofregir durant 8-10 minuts. Afegiu-hi altres ingredients, excepte el iogurt, l'aigua i les ametlles. Cuini a foc lent durant 5-6 minuts.
- Afegiu el iogurt, l'aigua i mitja ametlla. Coure durant 40 minuts, remenant sovint. Serviu-ho escampat amb la resta d'ametlles.

Salsitxa De Porc Fregit Chili

Serveis 4

Ingredients

2 cullerades d'oli

1 ceba gran, tallada a rodanxes

400 g/14 oz de botifarra de porc

1 pebrot verd, picat finament

1 patata, bullida i picada

½ culleradeta de pasta de gingebre

½ culleradeta de pasta d'all

½ culleradeta de xili en pols

¼ de culleradeta de cúrcuma

10 g/¼ oz de fulles de coriandre, picades

Afegiu sal al gust

4 cullerades d'aigua

mètode

- Escalfeu l'oli en una cassola. Afegir la ceba i sofregir un minut. Baixeu el foc i afegiu-hi tots els altres ingredients excepte l'aigua. Fregiu lleugerament durant 10-15 minuts fins que les salsitxes estiguin cuites.
- Afegiu-hi aigua i deixeu-ho coure a foc lent durant 5 minuts. Servir calent.

Mutton Shah Jahan

(Carn de carn cuita amb una rica salsa Moghlai)

Serveis 4

Ingredients

5-6 cullerades de ghee

4 cebes grans, tallades a rodanxes

675 g/1½ lb de vedella, picada

1 litre/1¾ pinta d'aigua

Afegiu sal al gust

8-10 ametlles mòltes

Per a la barreja d'espècies:

8 grans d'all

Arrel de gingebre de 2,5 cm/1 polzada

2 culleradetes de llavors de rosella

50 g/1¾ oz de fulles de coriandre, picades

5 cm/2 en canyella

4 claus

mètode

- Tritureu els ingredients per a la barreja d'espècies en una pasta. Deixar de banda.
- Escalfeu el ghee en una paella. Sofregiu la ceba a foc lent fins que estigui daurada.
- Afegiu la barreja d'espècies. Fregir durant 5-6 minuts. Afegiu el xai i deixeu-ho coure a foc lent durant 18-20 minuts. Afegiu aigua i sal. Cuini a foc lent durant 30 minuts.
- Decoreu amb ametlles i serviu calent.

www.ingramcontent.com/pod-product-compliance
Lightning Source LLC
Chambersburg PA
CBHW070408120526
44590CB00014B/1310